essen & trinken

W0366485

DIE BESTEN SUPPEN & EINTÖPFE

NAUMANN & GÖBEL

Die besten Suppen & Eintöpfe

Sonderausgabe der Naumann & Göbel Verlagsgesellschaft mbH
in der VEMAG Verlags- und Medien Aktiengesellschaft, Köln

Redaktion: Roswitha Lange, Marion Morawek, Sabine Zarling
Layout: Jürgen Pengel
Grafik: Heike Diem
Rezepte: Versuchsküche essen & trinken, Roswitha Lange
Styling: Michaela von Hacht
Fotos: Thomas Diercks, Picture Press
Gesamtherstellung: Naumann & Göbel Verlagsgesellschaft mbH, Köln

ISBN 3-625-11020-2

INHALT

So gelingt eine gute Suppe

In keinem anderen Gericht lassen sich Fleisch, Fisch, Gemüse, Obst und Gewürze so vielfältig miteinander kombinieren wie in Suppen und Eintöpfen. Damit die Suppe oder der Eintopf richtig sättigt, rechnet man etwa 400 bis 500 ml pro Person, als appetitanregende Vorsuppe reichen 150 bis 200 ml.

Die Basis für eine gute Suppe ist die Brühe (französisch: Bouillon). Eine Brühe mit Knochen sollte mindestens 2 Stunden, höchstens 4 Stunden kochen, weil sie sonst leimig schmeckt. Suppenfleisch braucht 1 1/2-2 Stunden, eine Poularde 1 - 1 1/2 Stunden und ein Suppenhuhn 2 Stunden und länger. Fischbrühe kocht etwa 30 Minuten, Suppengemüse hat eine Garzeit von 30-40 Minuten. Da die Garzeit von Fleischbrühen lang ist, lohnt es sich, gleich eine größere Menge zuzubereiten und den Rest portionsweise einzufrieren. Entfettete Brühe hält sich tiefgefroren sechs Monate.

Brühe perfekt zubereiten

Für 1 1/2 bis 2 l kräftige **Rindfleischbrühe** braucht man etwa 500 g Knochen (Mark- oder Roastbeefknochen) und 1 kg Fleisch (Beinscheibe, Brust, Querrippe), 1 Zwiebel (mit 1 Lorbeerblatt und 2 Gewürznelken besteckt), 1 großes Bund Suppengrün, 1 EL Pfefferkörner, Salz, nach Belieben auch 1 Zweig Thymian und 1 ungeschälte Knoblauchzehe.

Brühen werden in einem großen Suppentopf und offen — ohne Deckel — gegart. Knochen, Fleisch und Gewürze werden immer mit kaltem Wasser bedeckt aufgesetzt und langsam zum Kochen gebracht, weil so die Aroma- und Inhaltsstoffe an die Brühe abgegeben werden.

Wenn das Suppengrün noch als Einlage verwendet wird, braucht es nur 30 bis 40 Minuten in der Brühe zu kochen. Es kann zu Beginn mitgegart oder erst zum Garende in die Brühe gegeben werden. Das Gemüse gibt in dieser Zeit seine Aromastoffe an die Brühe ab. Wird es nicht weiterverwendet, kann das Gemüse die gesamte Kochzeit mitgaren. Ganz wichtig: Salz erst zum Schluß an die Brühe geben, damit diese nicht zu salzig wird, da beim Kochen Flüssigkeit verdampft.

Brühe soll nur leicht kochen (simmern, wallen), weil gelöste Teilchen sie sonst trüben. Beim Kochen bildet sich ein weißgrauer Schaum, der immer wieder abgeschöpft werden muß (**1**). Er entsteht durch das Gerinnen von Eiweiß. Auch wenn die Brühe sanft gekocht hat, sollte sie durch ein feines **Sieb** gegossen werden (**2**), das mit einem feuchten Mulltuch ausgelegt ist. So wird die Suppe klarer. Dazu nimmt man vorher Fleisch und Gemüse aus der Brühe, läßt sie einige Minuten stehen und gießt sie durch das Sieb. Der grau-trübe Bodensatz bleibt im Topf zurück. Die Suppe sollte nach dem Kochen möglichst schnell abkühlen, da sie sauer werden kann. Es genügt, den Suppentopf dazu auf ein Rost zu stellen. Wenn die Brühe erkaltet ist, hat sie eine leicht gallertartige Konsistenz, weil sich aus den Knochen Gelatine gelöst hat.

Außerdem setzt sich auf der Brühe eine **Fettschicht** ab, die leicht mit einem Teigschaber oder Löffel entfernt werden kann (**3**). Es sollte aber nicht das gesamte Fett abgeschöpft werden, da Fett einen intensiven Geschmack liefert. Bei heißer Brühe wird mit einem Suppenlöffel vorsichtig das Fett von der Brühe gezogen (das geht am besten in einem hohen, engen Topf).

Eine abgeschäumte Brühe enthält noch immer Trübstoffe. Durch **Klären** (**4**) werden sie vollständig aus der Brühe entfernt. Dazu werden zwei verschlagene Eiweiß auf 1 l Brühe in die kalte, bereits entfettete Brühe gegeben. Da sich das Eiweiß häufig auf dem Topfboden absetzt und leicht anbrennt, muß es während des Klärens zwei- bis dreimal vom Topfboden gelöst werden. Die Brühe sollte jedoch mehr ziehen als gerührt werden. Beim Klären steigt weißer Schaum auf, der nach 15 Minuten abgeschöpft wird. Doch durch das Klären mit Eiweiß geht auch der kräftige Geschmack der Brühe etwas verloren. Kräftig bleibt sie, wenn zum Klären zusätzlich unter zwei verschlagene Eiweiß etwa 150 g mageres Beefhack oder feingewürfelte Möhren und Porree gegeben wer-

1. Schaum abschöpfen

2. Brühe durch ein Sieb gießen

3. Brühe entfetten

4. Brühe klären

den. In diesem Falle die Brühe 30-40 Minuten ziehen lassen. Bouillon dann durch ein mit einem feuchten Mulltuch ausgelegtes Sieb gießen.
Aus einer Bouillon wird eine **Kraftbrühe,** die Consommé, wenn zur Fleischbrühe noch Fleisch und Suppengrün gegeben werden und die Brühe nochmals 1 Stunde länger kocht. Sie schmeckt kräftiger und ist dann goldgelb. Eine goldbraune, sehr kräftige Brühe erhält man, wenn die doppelte Menge Fleisch (z. B. gehacktes Rindfleisch) in der Kraftbrühe gegart wird. Sie heißt **doppelte Kraftbrühe** oder Consommé double.
Eine **Fleischessenz** ist eine doppelte Kraftbrühe, die nochmals stark eingekocht wird. Fleischessenz ist sehr kräftig und wird vorwiegend zum Würzen von feinen Saucen oder Schmorgerichten verwendet.
Eine **Geflügelbrühe** wird aus Hühnerklein (Flügel, Hals und Knochen) und Innereien (Herz, Magen) zubereitet, oder es wird einfach ein ganzes Suppenhuhn gekocht. Jedoch darf keine Leber mitgekocht werden. Sie macht die Brühe bitter.
Für eine **Fischbrühe** werden immer Fischköpfe und -gräten von weißfleischigen Fischen (z. B. Zander oder Hecht) genommen. Rotfleischiger Fisch (Lachs) färbt die Brühe dunkel. Zum Fisch werden Suppengrün, Zwiebel und Gewürze (z. B. Lorbeer, Petersilie) gegeben. Wichtig: Fisch immer je zur Hälfte mit Wasser und trockenem Weißwein aufsetzen, weil er Säure braucht. Aufsteigender Schaum wird abgeschöpft und die fertige Brühe durch ein Sieb (mit einem feuchten Mulltuch ausgelegt) gegossen.
In eine **Gemüsebrühe** gehören Suppengrün, Zwiebeln, Petersilie, Thymian, Lorbeer und nach Belieben gehackte Weißkohlblätter und Tomaten. Die Suppe abschäumen und durch ein Sieb (mit einem feuchten Mulltuch ausgelegt) gießen.
In nur 30-40 Minuten ist eine Brühe im Schnellkochtopf gegart. Sie ist nicht so klar wie eine langsam gekochte und muß deshalb nach dem Kochen geklärt werden. Vorher werden die Zutaten langsam aufgekocht, die Brühe abgeschäumt und dann erst wird der Schnellkochtopf verschlossen.
Wer keine Zeit hat, eine Brühe zu kochen, kann auf **Fertigprodukte** zurückgreifen wie Instant-Brühen, Pasten oder Fonds. Die meisten Produkte sind sehr gut. Doch kann auch das beste Fertigprodukt eine selbst gekochte Brühe nicht ersetzen.

Die feinen Cremesuppen

Cremesuppen lassen sich aus Gemüse und Kräutern zubereiten. Sie werden in Brühe gegart. Manchmal wird das Gemüse vorher in Fett gedünstet und mit Brühe aufgegossen. Anschließend werden die **Zutaten püriert:** mit dem Schnellmixstab (**5**), dem Schneidstab des Handrührers oder in einem Mixer. Für eine Cremesuppe, die festes Gemüse oder Hülsenfrüchte enthält, empfiehlt es sich, das **Gemüsepüree** zusätzlich durch ein feines Sieb zu streichen (**6**). Weil Kartoffeln und Möhren reich an Stärke sind, ist die Suppe sämig und wird nur mit etwas Butter oder Sahne verfeinert. Weniger stärkehaltiges Gemüse muß als Cremesuppe noch gebunden werden, manchmal genügt nur eine geriebene mehligkochende Kartoffel zum Binden. Jede Suppe läßt sich mit Mehlbutter andicken: 1 El Butter mit 1 El Mehl verkneten und flöckchenweise in die heiße Suppe rühren, einige Minuten kochen lassen.
Durch **Legieren** (**7**) wird eine Suppe sämig und cremig. Dazu werden pro Liter Suppe etwa 2 bis 4 Eigelb mit 100 ml Sahne verrührt und in die heiße Suppe gegeben. Doch Vorsicht: Beim Legieren kann das Eigelb gerinnen, die Suppe flockt dann aus. Das passiert nicht, wenn etwas heiße Suppe mit der Eigelb-Sahne-Mischung gut verquirlt und dann in die Suppe gegeben wird. Zum Legieren eignen sich auch Crème fraîche, Crème double, Schmant oder Sahnejoghurt.

Klößchen und Co

Reis, Nudeln, feingeschnittenes Gemüse, Eigelb, Eierstich, Crêpesstreifen oder geröstete Brotwürfel verfeinern Suppen. Für klare Suppen werden Reis, Nudeln und Klößchen separat gegart, um die Bouillon nicht zu trüben. Etwas aufwendiger sind Klößchen zubereitet. Sie bestehen auf der Basis von Rindermark, Leber, Hackfleisch, Grieß, Kartoffeln oder Mehl. **Klößchen** werden mit Teelöffeln (**8**) geformt und in leise kochendes Wasser gegeben.

5. Gemüse pürieren

6. Püree durch ein Sieb streichen

7. Suppe legieren

8. Klößchen formen

KLARE SUPPEN

Bouillon mit Eierstich

Für 8-10 Portionen:
Bouillon:
500 g Beinscheibe
750 g Querrippe
500 g Markknochen
2 Zwiebeln (100 g)
1 Bund Suppengrün
2 Lorbeerblätter
5 Pimentkörner
1 Tl Pfefferkörner, Salz
Eierstich:
2 Eier, 5 El Milch, Salz
Muskat (frisch gerieben)
2 El gehackter Kerbel
Außerdem:
200 g Spargel
100 g Möhren
50 g Erbsen (TK)
Kerbel zum Garnieren

1. Fleisch und Knochen in 2 1/4 l Wasser langsam aufkochen. Abschäumen.

2. Zwiebeln halbieren, Suppengrün putzen, waschen, grob zerkleinern. Beides zum Fleisch geben. Lorbeer, Piment und Pfeffer zufügen. Offen 4 Stunden bei milder Hitze schwach kochen lassen. Ab und zu abschäumen.

3. Brühe durch ein Sieb gießen. Etwas abgekühlt entfetten. Evtl. klären und durch ein mit einem Mulltuch ausgelegten Haarsieb gießen.

4. Für den Eierstich die Eier mit Milch verschlagen. Mit Salz und Muskat würzen. Masse in 2 flache Förmchen füllen. Kerbel unter eine Hälfte rühren. Förmchen mit Alufolie verschließen, in schwach kochendes Wasser stellen. Eierstich in 30 Minuten gar ziehen lassen, aus den Förmchen lösen, in kleine Würfel schneiden.

5. Bouillon wieder zum Kochen bringen, salzen.

6. Spargel schälen, in Stücke schneiden. Möhren schälen, in dünne Scheiben schneiden. Zuerst Spargelstücke in die Suppe geben. Bei milder Hitze 8 Minuten kochen. Dann Köpfe zufügen. 2 Minuten weitergaren. Möhren und Erbsen hineingeben. In 5 Minuten fertiggaren, salzen, Eierstich hineingeben, in Teller füllen und mit Kerbel bestreuen.

Zubereitungszeit: ca. 4 Stunden
Pro Portion (bei 10 Portionen) etwa 3 g E, 4 g F, 2 g KH = 59 kcal (245 kJ)

KLARE SUPPEN

Klare Kartoffelsuppe

Für 6 Portionen:
100 g Zwiebeln
1 Bund Suppengrün
1 kg Roastbeefknochen
Salz
3 Lorbeerblätter
1 Zweig Rosmarin
ca. 5 g getrocknete Steinpilze
750 g neue Kartoffeln
150 g Möhren
Pfeffer (a. d. Mühle)
2-3 Bund Basilikum
6 Eigelb

1. Die Zwiebeln quer halbieren. Suppengrün putzen, waschen, grob zerkleinern.

2. Einen Suppentopf trocken stark erhitzen. Zwiebeln mit der Schnittfläche nach unten hineingeben und dunkelbraun anrösten.

3. Suppengrün und Knochen zugeben und kurz anrösten. 2 l kaltes Wasser zugießen. Aufkochen, abschäumen.

4. Etwas Salz, Lorbeer, Rosmarin und Pilze zugeben.

5. Bei milder Hitze offen zwei Stunden kochen.

6. Durch ein feines Sieb gießen (die Brühe sollte auf gut 1 1/4 l eingekocht sein).

7. Kartoffeln und Möhren schälen, waschen, in dünne Scheiben schneiden. In der Brühe bei milder Hitze in 15-20 Min. gar ziehen lassen (nicht kochen, die Kartoffeln zerfallen sonst und machen die Brühe trübe).

8. Suppe mit Salz und Pfeffer abschmecken. Auf gut vorgewärmte Teller verteilen.

9. Mit Basilikumblättchen bestreuen und je ein Eigelb hineingeben. Sofort servieren.

Zubereitungszeit: ca. 2 1/2 Stunden
Pro Portion etwa 7 g E, 16 g F, 19 g KH = 299 kcal (1259 kJ)

Rinderbouillon mit Parmesan-Eierkuchen

Für 4 Portionen:
1 kg Roastbeefknochen
500 g Ochsenbein
1 Bund Suppengrün
2 Zwiebeln
1 Tl Rindfleischextrakt (a. d. Glas)
1 Tl Pfefferkörner
2 Lorbeerblätter
2 Tl getrockneter Thymian
Salz, 8 geschälte Tomaten (a. d. Dose)

Eierkuchen:
1/8 l Milch, 30 g Mehl
1 Ei und
1 Eigelb (Gew.-Kl. 2)
4 El Öl
Muskatnuß (frisch gerieben)
4 El Parmesan (frisch gerieben)
2 El frische Oreganoblätter zum Garnieren

1. Roastbeefknochen und Ochsenbein mit 2 l kaltem Wasser aufkochen. Sorgfältig abschäumen.

2. Suppengrün putzen, waschen, grob zerkleinern. Zwiebeln pellen, vierteln. Zur Brühe geben. Fleischextrakt, Pfeffer, Lorbeer und Thymian zugeben. Offen 2 Stunden mehr ziehen als kochen lassen. Gelegentlich abschäumen.

3. Die Brühe durch ein feines Sieb oder ein Mulltuch gießen (Fleisch anderweitig verwenden).

4. Die Brühe entfetten, auf 3/4 l einkochen. Mit Salz abschmecken. Die grob zerpflückten Tomaten darin erhitzen.

5. Für die Eierkuchen Milch und Mehl mit dem Schneebesen verrühren. 10 Minuten ausquellen lassen. Ei und Eigelb unterrühren, mit 1 Prise Salz würzen.

6. In einer kleinen Pfanne in je 1 El Öl nacheinander 4 dünne Eierkuchen nur auf der Unterseite backen. Auf die noch feuchte Oberfläche etwas Muskat reiben und je 1 El Parmesan streuen.

7. Die Eierkuchen aufrollen und auf 4 gut vorgewärmte Suppenteller legen. Die heiße Rinderbouillon darübergießen.

8. Mit frischen Oreganoblättchen bestreuen und sofort servieren.

Zubereitungszeit: ca. 2 3/4 Stunden
Pro Portion etwa 22 g E, 36 g F, 13 g KH = 504 kcal (2110 kJ)

Sommersuppe auf rohen Roastbeefscheiben

Für 4 Portionen:
1 kg Roastbeefknochen
1 Bund Suppengrün
2 El schwarze Pfefferkörner
Salz
75 g Langkornreis
1/2 Salatgurke
150 g Champignons
200 g Rumpsteak
1-2 Bund Basilikum

1. Knochen mit 2 1/2 - 3 l kaltem Wasser zum Kochen bringen. Offen 1 Stunde leise kochen, evtl. abschäumen.

2. Suppengrün putzen, waschen, würfeln. Mit Pfeffer in die Brühe geben, sparsam salzen. Brühe weitere 2 Stunden kochen, immer wieder abschäumen.

3. Reis in kochendem Salzwasser 15 Minuten garen, abgießen.

4. Gurke schälen, längs halbieren, entkernen, in dünne Stifte schneiden, Pilze putzen, waschen, in Scheiben schneiden.

5. Die Brühe durch ein Sieb gießen, mit Salz abschmecken, wieder zum Kochen bringen. Reis und Gemüse hineingeben, sehr heiß werden lassen.

6. Fettrand vom Rumpsteak entfernen. Fleisch in dünne Scheiben schneiden, auf die Teller verteilen.

7. Basilikumblätter zerpflücken, in die Suppe geben.

8. Suppe kochend heiß in die Teller geben. Dadurch wird das Fleisch gegart und bleibt sehr saftig. Suppe sofort servieren.

Zubereitungszeit: ca. 3 1/4 Stunden
Pro Portion etwa 10 g E, 16 g F, 13 g KH = 245 kcal (1026 kJ)

Norddeutscher Enten-Eintopf

Für 4-6 Portionen:
1 küchenfertige Ente (ca. 1,5 kg)
250 g Schinkenknochen (vom fleischigen Endstück)
1 Tl schwarze Pfefferkörner
3 Stücke getrockneter Ingwer, 1 Muskatnuß
2 Lorbeerblätter
2 Bund glatte Petersilie
2 Zwiebeln, 300 g Wirsing
300 g Möhren, 600 g Porree
Salz, Pfeffer (a. d. Mühle)
150 g Trockenpflaumen (ohne Stein)

1. Die Ente mit Knochen in mehrere Stücke schneiden. Talgdrüsen am Bürzel und sichtbares Fett entfernen. Bruststücke beiseite legen. Die anderen Ententeile und den Schinkenknochen mit gut 2 l Wasser bedeckt langsam zum Kochen bringen und sorgfältig abschäumen.

2. Sobald kein Schaum mehr aufsteigt, Pfeffer, grob zerschnittenen Ingwer, geviertelte Muskatnuß, Lorbeer zugeben. Petersilie von den Stielen zupfen, beiseite legen. Stiele zusammenbinden und in den Topf geben. Bei sehr milder Hitze ohne Deckel 45 Minuten kochen.

3. Zwiebeln pellen und längs in schmale Spalten schneiden. Wirsing putzen, in feine Streifen schneiden. Möhren und Porree putzen und in Scheiben schneiden.

4. Nach 45 Minuten Kochzeit Entenbrüste, Zwiebeln und Wirsing in die Brühe geben und weitere 45 Minuten sanft garen. Nach 25 Minuten Möhren und Porree zugeben. Die Petersilienstiele und Muskatnuß herausnehmen. Immer wieder den Schaum und das Fett abschöpfen. Den Eintopf salzen und pfeffern.

5. Ententeile und Schinkenknochen aus dem Topf nehmen. Pflaumen und Petersilie zugeben und im Eintopf ziehen lassen. Das Entenfleisch von Haut und Knochen lösen, mundgerecht zerteilen und in den Eintopf geben. Kurz erhitzen. Servieren.

Zubereitungszeit: ca. 2 1/4 Stunden
Pro Portion (bei 6 Portionen) etwa 41 g E, 36 g F, 21 g KH = 602 kcal (2520 kJ)

Hühnersuppe mit Staudensellerie

Für 4 Portionen:
10 g getrocknete Morcheln
1 Bund Suppengrün
1 kg Hühnerklein (Flügel, Herzen, Mägen)
2 El Hühnersuppenpaste
1 El weiße Pfefferkörner
3 Lorbeerblätter
10 g getrocknete Steinpilze
500 g Staudensellerie
100 g Zwiebeln
50 g Butter
250 g Hähnchenbrustfilet
Salz
Pfeffer (a. d. Mühle)

1. Morcheln unter kaltem Wasser abbrausen. In 1/4 l lauwarmem Wasser einweichen. Öfter bewegen, damit der Sand herausspült.

2. Suppengrün putzen, waschen, grob zerschneiden. Mit Hühnerklein, Suppenpaste, Pfeffer, Lorbeer und Steinpilzen in 2 l Wasser bei milder Hitze zum Kochen bringen und 2 Stunden offen kochen lassen, zwischendurch abschäumen.

3. Sellerie putzen, waschen, die Blättchen zum Garnieren beiseite legen. Stangen in dünne Scheiben schneiden.

4. Zwiebeln pellen, längs in Streifen schneiden. 30 g Butter zerlassen, Zwiebeln darin glasig dünsten. Sellerie zugeben, andünsten. Morcheln durch ein Sieb abgießen. Gut ausdrücken und Einweichwasser auffangen. Durch einen Kaffeefilter gießen. Morcheln zum Sellerie geben.

5. Hühnerbrühe durch ein Sieb gießen. Mit der Morchelflüssigkeit zum Gemüse geben. Etwa 10 Minuten kochen lassen.

6. Hähnchenbrustfilets in Streifen schneiden. In der restlichen Butter braten, zur Suppe geben. Mit Salz und Pfeffer würzen. Mit den Sellerieblättchen garnieren. Dazu paßt Baguette.

Zubereitungszeit: ca. 2 1/2 Stunden
Pro Portion etwa 18 g E, 13 g F, 4 g KH = 206 kcal (858 kJ)

Klare Basilikumsuppe mit Pistazienklößchen

Für 6 Portionen:
1 kg Roastbeefknochen
1 kg Ochsenbein
1 Gemüsezwiebel (400 g)
1 Bund Suppengrün
Salz
1 Tl Pfefferkörner
1 Lorbeerblatt
5 cl trockener Sherry
6 Stiele Basilikum
Klößchen:
1/8 l Schlagsahne
Salz
30 g Butter oder Margarine
40 g Grieß
1 Ei (Gew.-Kl. 2)
30 g Pistazien (gemahlen)

1. Am Vortag Knochen und Ochsenbein mit 3 l kaltem Wasser aufkochen. Abschäumen, im offenen Topf bei milder Hitze insgesamt 3 1/2 Stunden ziehen lassen.

2. Zwiebel ungepellt quer halbieren. Die Schnittfläche auf der heißen Herdplatte dunkelbraun rösten. Das Suppengrün putzen, waschen, grob zerschneiden.

3. Zwiebelhälften, Suppengrün, etwas Salz und Pfefferkörner sowie Lorbeer in die kochende Brühe geben. Fett und Schaum zwischendurch abschöpfen. Fertige Brühe bei Zimmertemperatur etwas abkühlen lassen. Dann durch ein feines Sieb gießen. 1 1/2 l abmessen, evtl. etwas einkochen. Über Nacht kalt stellen.

4. Für die Klößchen Sahne, etwas Salz und Fett in einem kleinen Topf aufkochen. Grieß dazugeben, aufkochen, dabei kräftig umrühren.

5. Sobald sich die Masse als Kloß vom Topfboden löst, weiterkochen, bis sich am Topfboden ein Häutchen bildet. Topf von der Kochstelle nehmen, mit einem Schneebesen erst das Ei, dann Pistazien unterziehen. Beiseite stellen.

6. Von der Suppe das Fett ganz oder teilweise abnehmen. Suppe in einen Topf umfüllen, Bodensatz zurücklassen.

7. In einem anderen Topf Salzwasser zum Kochen bringen. Mit zwei nassen Teelöffeln von der Pistazienmasse ca. 30 Klößchen abstechen und dabei formen. Im Salzwasser ca. 12 Minuten ziehen lassen.

8. Die Suppe erhitzen und mit Salz und Sherry abschmecken. Vom Basilikum die Herzblätter beiseite legen. Die übrigen in sehr feine Streifen schneiden. Mit den abgetropften Klößchen in die Suppe geben und kurz durchziehen lassen. Die Suppe mit Basilikum garnieren.

Zubereitungszeit: ca. 4 Stunden
Pro Portion etwa 4 g E, 15 g F, 8 g KH = 198 kcal (830 kJ)

Bouillon mit Roter Bete

Für 6 Portionen:
250 g Querrippe
250 g Kalbsbrust
250 g Hühnerklein
Salz, 1 Bund Suppengrün
1 Zwiebel
1 Lorbeerblatt
2 Gewürznelken
300 g Rote Bete
1 El Weißweinessig
100 g Porree
2 Eiweiß
250 g Beefsteakhack
weißer Pfeffer (a. d. Mühle)

1. Fleisch mit 3 l leicht gesalzenem kaltem Wasser zum Kochen bringen. Abschäumen. Eine Tasse kaltes Wasser zugießen, Fleisch wieder zum Kochen bringen. Diesen Vorgang zweimal wiederholen.

2. Suppengrün putzen, waschen, grob zerschneiden. Zwiebel pellen, quer halbieren. Eine Zwiebelhälfte mit der Schnittfläche auf der Herdplatte kräftig bräunen. Lorbeerblatt und Nelken auf der zweiten Zwiebelhälfte feststecken.

3. Suppengrün und Zwiebelhälften zum Fleisch geben. Die Brühe etwa 4 Stunden bei milder Hitze offen kochen.

4. Rote Bete abspülen. Etwa 45 bis 60 Min. auf mittlerer Einschubleiste bei 225 Grad (Gas 4, Umluft 200 Grad) garen. Abkühlen lassen, schälen, in dünne Streifen schneiden, mit Essig übergießen.

5. Fertige Brühe kalt werden lassen, durch ein Sieb gießen.

6. Porree putzen, waschen, in Ringe schneiden. Eiweiß mit einer Gabel leicht verschlagen. Mit Hackfleisch und Porree vermischen, in die kalte Brühe geben, zum Kochen bringen. Hitze zurückschalten und Brühe bei milder Hitze 20 Minuten kochen lassen, dabei nicht umrühren.

7. Sieb mit einem doppelt gelegten, feuchten Mulltuch auslegen. Die Brühe durch das Mulltuch gießen.

8. Brühe wieder erhitzen, um etwa 1/4 l einkochen lassen, evtl. entfetten.

9. Bouillon salzen und pfeffern. Mit Rote-Bete-Streifen servieren.

Zubereitungszeit: ca. 5 Stunden
Pro Portion etwa 2 g E, 1 g F, 5 g KH = 33 kcal (138 kJ)

Klare Spargelsuppe mit Kerbelklößchen

Für 6 Portionen:
1 Bund Suppengrün
1,25 kg Hühnerklein
2 Zwiebeln
2 Lorbeerblätter
Salz
Pfefferkörner
500 g Spargel
1 Bund Frühlingszwiebeln
Kerbelklößchen:
40 g Butter oder Margarine
50 g Hartweizengrieß
1 Ei (Gew.-Kl. 2)
1-2 Bund Kerbel
weißer Pfeffer (a. d. Mühle)
Muskatnuß (frisch gerieben)

1. Suppengrün putzen, waschen, grob zerschneiden.

2. Mit dem Hühnerklein in 3 l Wasser offen langsam zum Kochen bringen. Die ungepellten Zwiebeln quer halbieren. Schnittflächen auf der heißen Herdplatte goldbraun anrösten. Zwiebeln, Lorbeer, sehr wenig Salz und einige Pfefferkörner in die Brühe geben und alles ca. 3 Stunden offen leise kochen lassen. Zwischendurch immer wieder Schaum und Fett abschöpfen.

3. Spargel waschen, schälen (die Schalen aufbewahren). Spargel schräg in Scheiben schneiden. Die Frühlingszwiebeln putzen, waschen, ebenfalls schräg in Scheiben schneiden. Beides mit einem feuchten Tuch bedeckt kühl stellen.

4. Spargelschalen in der fertigen Brühe bei geringer Hitze 30 Minuten ziehen (auf keinen Fall kochen) lassen. Brühe auf gut 1 3/4 l einkochen.

5. Für die Klößchen 1/8 l Wasser mit Salz und Butter oder Margarine aufkochen. Grieß einrieseln lassen und unter ständigem Rühren (mit einem Holzlöffel) so lange kochen, bis sich die Masse als Kloß vom Topf löst und der dünne Belag am Topfboden bräunlich wird.

6. Den Topf vom Herd nehmen. Das Ei unter den Grieß rühren. Kerbel fein hacken und ebenfalls unterrühren. Die Masse mit Salz, Pfeffer und Muskat abschmecken. 15 Minuten ruhenlassen.

7. Die Spargelbrühe durch ein Sieb gießen. Gut 1 1/4 l für die Suppe abmessen und den Spargel darin 15 bis 20 Minuten garen. In den letzten 5 Minuten Garzeit die Frühlingszwiebeln dazugeben. Die Suppe abschäumen und mit Salz, Pfeffer und einem Hauch Muskat würzen.

8. Von der Klößchenmasse mit 2 Teelöffeln etwa 18 Klößchen abstechen und formen und in dem restlichen 1/2 l Brühe 10 Minuten gar ziehen lassen. Die abgetropften Klößchen auf vorgewärmte Suppenteller verteilen. Die Suppe darübergeben und sofort servieren.

Zubereitungszeit: ca. 4 Stunden
Pro Portion etwa 4 g E, 8 g F, 8 g KH = 121 kcal (506 kJ)

Taubenconsommé mit Mandelplätzchen

Für 4 Portionen:
Consommé:
4 Tauben (je ca. 300 g)
500 g Hühnerflügel
1 Bund Suppengrün
100 g Zwiebeln
100 g Tomaten, Salz
5 g getr. Spitzmorcheln
1 Bouquet garni (aus Petersilie, Lorbeer und Thymian)
1 El schwarze Pfefferkörner
1/4 l Sherry medium
100 g Möhren
100 g Frühlingszwiebeln
2 Stengel glatte Petersilie
Mandelplätzchen:
1 Eiweiß
50 g gehobelte Mandeln
1 El Semmelbrösel
Salz, Pfeffer (a. d. Mühle)
Muskatnuß (frisch gerieben)
Fett für das Blech

1. Von den Tauben die Brüste auslösen und zugedeckt kühl stellen.

2. Tauben und Hühnerflügel in ca. 3 cm große Stücke schneiden, in einer Pfanne ohne Fett bei mittlerer Hitze in ca. 30 Min. braun rösten.

3. Suppengrün putzen, waschen und in Würfel schneiden. Zwiebeln pellen, würfeln. Tomaten enthäuten, halbieren, entkernen, in Würfel schneiden.

4. Suppengrün, Zwiebeln, Tomaten zum Geflügel geben und 10 Minuten mitrösten, den Bratensatz mit einem Holzspatel lösen. Alles in einen Topf umfüllen und 2 l kaltes Wasser zugießen. Leicht salzen und zum Kochen bringen. Etwas kaltes Wasser zugießen, wieder aufkochen. Diesen Vorgang noch zweimal wiederholen.

5. Die etwas zerbröselten Morcheln, Bouquet garni und Pfefferkörner dazugeben und alles bei milder Hitze offen 2 Stunden leise kochen lassen.

6. Den Sherry dazugießen, eine weitere Stunde kochen, bis nur noch etwa 1 1/2 l Brühe im Topf ist. Durch ein mit Mull ausgelegtes Sieb gießen. Einige Stunden kühl stellen, damit sich die Trübstoffe absetzen können.

7. Für die Mandelplätzchen das Eiweiß mit einer Gabel leicht verschlagen, dann mit Mandeln und Semmelbrösel mischen, mit Salz, Pfeffer und Muskat würzen und 10 Minuten stehenlassen.

8. Aus der Masse 8 Plätzchen formen und auf ein gefettetes Backblech setzen. Im vorgeheizten Ofen bei 150 Grad (Gas 1, Umluft 150 Grad) auf der zweiten Einschubleiste von oben 20 Minuten backen.

9. Möhren schälen, waschen, in kleine Würfel schneiden. Frühlingszwiebeln putzen, waschen, die weißen Teile in Scheiben schneiden. Taubenbrüstchen enthäuten.

10. Von der Consommé 1 l vorsichtig in einen Topf gießen (damit Trübstoffe zurückbleiben) und erhitzen. Restliche Menge ebenfalls erhitzen. Möhren, Zwiebeln und Taubenbrüstchen darin 10 Minuten garen. Dann das Fleisch in Scheiben schneiden.

11. Zum Servieren Fleisch, Gemüse und ein paar Petersilienblätter auf Suppenteller verteilen und mit der heißen Bouillon übergießen. Mandelplätzchen dazu reichen.

Zubereitungszeit: ca. 4 Stunden
Pro Portion etwa 15 g E, 11 g F, 5 g KH = 188 kcal (785 kJ)

Klare Linsensuppe

Für 6 Portionen:
1 kg Roastbeefknochen
1 Bund Suppengrün
3 Lorbeerblätter
2 El schwarze Pfefferkörner
Salz
Pfeffer (a. d. Mühle)
1-2 Tl Rindfleischpaste
(a. d. Glas)
100 g Möhren, 60 g Sellerie
30 g Tellerlinsen
30 g rote Linsen
1 El Balsamessig
2 Tl Apfeldicksaft
(Reformhaus)
1 Beet Kresse

1. Die Knochen mit 2 l kaltem Wasser aufsetzen.

2. Suppengrün putzen, waschen und grob zerkleinern. Zusammen mit Lorbeer und Pfefferkörnern in den Topf geben, und das Wasser zum Kochen bringen. Bei milder Hitze 2 Stunden offen kochen, zwischendurch abschäumen.

3. Die Bouillon durch ein Sieb gießen. Mit Wasser auf 1 l auffüllen. Mit Salz, Pfeffer und Rindfleischpaste würzen.

4. Möhren und Sellerie putzen, waschen und in kleine Würfel schneiden.

5. Mit den Tellerlinsen in die Bouillon geben und bei milder Hitze 30 Minuten kochen. Dann die roten Linsen dazugeben und weitere 7 Minuten leise kochen lassen.

6. Die Suppe mit Balsamessig und Apfeldicksaft abschmecken. In vorgewärmte Teller geben und mit der Kresse bestreuen. Sofort servieren.

Zubereitungszeit: ca. 2 3/4 Stunden
Pro Portion etwa 3 g E, 1 g F, 8 g KH = 52 kcal (219 kJ)

Spargelsuppe mit Kalbfleischklößchen und grünem Spargel

Für 4 Portionen:
750 g Ochsenbein
750 g Roastbeefknochen
1 Bund Suppengrün
2 Bund glatte Petersilie
1 Zwiebel
1 Bouquet garni
(aus Lorbeerblatt, Thymian, Petersilie)
Salz
1 El weiße Pfefferkörner
250 g weißer Spargel
250 g grüner Spargel
20 g Butter
Zucker
Klößchen:
300 g schieres Kalbfleisch
3 Scheiben Toastbrot
1 Ei (Gew.-Kl. 2)
1 Bund Basilikum
Pfeffer (a. d. Mühle)
Muskatnuß (frisch gerieben)

1. Ochsenbein und Roastbeefknochen in gut 2 l kaltem Wasser langsam aufkochen. Suppengrün putzen, waschen, grob zerschneiden und dazugeben. 1 Bund glatte Petersilie, die gepellte Zwiebel, Bouquet garni, etwas Salz und Pfefferkörner hinzufügen. Die Bouillon bei milder Hitze offen 3 Stunden kochen, immer wieder abschäumen. Abgießen, entfetten, evtl. auf 1 l einkochen.

2. Für die Klößchen das Kalbfleisch durch die feine Scheibe des Fleischwolfs drehen. Toast entrinden, kurz in kaltem Wasser einweichen. Ausdrücken und mit dem Ei zum Fleisch geben. Basilikum fein hacken und unter den Fleischteig kneten. Mit Salz, Pfeffer und Muskat abschmecken. 36-40 kleine Klößchen daraus formen. Klößchen in kochendes Salzwasser geben und bei milder Hitze in etwa 15 Minuten gar ziehen lassen.

3. In der Zwischenzeit den weißen Spargel waschen, schälen, die Endstücke abschneiden. Grünen Spargel waschen, nur am unteren Ende schälen. Spargel in Stücke schneiden.

4. Die Brühe mit Butter und 1 Prise Zucker wieder zum Kochen bringen und den Spargel darin in 15-20 Minuten garen. Die gut abgetropften Klößchen in der Brühe erhitzen. Suppe mit Salz und Pfeffer kräftig würzen. Die restliche Petersilie fein hacken und vor dem Servieren in die Suppe geben.

Zubereitungszeit: ca. 3 1/2 Stunden
Pro Portion etwa 26 g E, 13 g F, 25 g KH = 362 kcal (1515 kJ)

Klare Steinpilzsuppe

Für 4 Portionen:
500 g Ochsenbein
1 Bund Suppengrün
4 Lorbeerblätter
1 El schwarze Pfefferkörner
1 El Fleischextrakt
5 g getrocknete Steinpilze
400 g Steinpilze
1 Bund Schnittlauch

1. Ochsenbein mit 1 1/2 l kaltem Wasser bei milder Hitze zum Kochen bringen. Suppengrün putzen, waschen, grob zerschneiden und mit Lorbeer, Pfefferkörnern, Fleischextrakt und getrockneten Steinpilzen zum Fleisch geben.

2. Etwa 1 Stunde offen leise kochen lassen. Durch ein Sieb gießen. Die Brühe wieder zum Kochen bringen.

3. Steinpilze putzen, unter fließendem Wasser kalt abbrausen, trockentupfen und in Scheiben schneiden. In die Brühe geben und einige Minuten garen lassen.

4. Suppe in vorgewärmte Suppentassen füllen und mit Schnittlauchröllchen bestreut servieren.

Zubereitungszeit: ca. 1 1/4 Stunden
Pro Portion etwa 5 g E, 2 g F, 7 g KH = 72 kcal (294 kJ)

CREME-SUPPEN

Tomatencremesuppe

Für 4-6 Personen:
2 Zwiebeln
1 Knoblauchzehe
2 El Olivenöl
150 g Suppengrün
800 g geschälte Tomaten (a. d. Dose, EW)
2 Lorbeerblätter
Salz, Pfeffer (a. d. Mühle)
je 1 Msp. Oregano, Thymian, Rosmarin (getrocknet)
1 El Hühnersuppen-Paste
30 g Butter, 25 g Mehl
1 El Tomatenmark
1 Prise Zucker
4 Tl Crème fraîche
etwas Schnittlauch

1. Zwiebeln und Knoblauch pellen und fein würfeln. Im Öl glasig dünsten. Suppengrün putzen, waschen, würfeln und mitdünsten.

2. Tomaten mit Flüssigkeit, Lorbeer, Salz, Pfeffer, Oregano, Thymian, Rosmarin und Suppenpaste hinzufügen. Zum Kochen bringen. Tomaten zerdrücken und alles 30-35 Minuten zugedeckt leise kochen lassen.

3. Tomatenmasse mit dem Schneidstab des Handrührers pürieren, durch ein Sieb streichen. Butter zerlassen. Mehl darin anschwitzen. Tomatensuppe zugießen. Kräftig durchschlagen. Aufkochen. Tomatenmark unterschlagen. 200 ml Wasser zufügen, mit Salz, Pfeffer, Zucker abschmecken.

4. In vorgewärmte Suppentassen füllen. Je 1 Tl Crème fraîche daraufgeben und mit Schnittlauchhalmen garniert servieren. Dazu: Warmes Baguette.

Zubereitungszeit: ca. 1 Stunde
Pro Portion bei 4 Personen etwa 5 g E, 15 g F, 18 g KH = 245 kcal (1026 kJ)

Zuckerschoten-Kartoffel-Suppe

Für 4-6 Portionen:
500 g Kartoffeln (mehlig kochend)
50 g Schalotten
100 g Frühlingszwiebeln
500 g Zuckerschoten
50 g Butter oder Margarine
4 El Öl
1 l Geflügelfond (a. d. Glas)
1/4 l Schlagsahne
4-6 Scheiben Toastbrot
2 Bund Kerbel
1 Knoblauchzehe, Salz
Pfeffer (a. d. Mühle)

1. Kartoffeln schälen und waschen. Schalotten pellen. Beides würfeln. Frühlingszwiebeln putzen, waschen, in schmale Ringe schneiden. Zuckerschoten waschen, putzen und in Rauten schneiden.

2. 25 g Butter oder Margarine und 2 El Öl in einem Topf erhitzen. Nacheinander Schalotten, Kartoffeln, Frühlingszwiebeln und die Hälfte der Zuckerschoten darin andünsten. Die Hälfte des Fonds dazugießen und zugedeckt 10 Minuten kochen lassen.

3. Die Suppe mit dem Schneidstab des Handrührers pürieren, dann durch ein feines Sieb streichen. Den restlichen Fond und die Sahne dazugießen und einmal aufkochen lassen.

4. Aus dem Toastbrot Taler (∅ 7 cm) ausstechen. Den Kerbel verlesen und fein hacken. Die restliche Butter oder Margarine und das restliche Öl in der Pfanne erhitzen. Die gepellte Knoblauchzehe darin goldbraun werden lassen, herausnehmen. Brottaler im heißen Fett von beiden Seiten bräunen, herausnehmen und auf Küchenpapier abtropfen lassen.

5. Die restlichen Zuckerschoten in die Suppe geben und 3-4 Minuten leise kochen lassen. Mit Salz und Pfeffer würzen. Zuletzt den Kerbel unterrühren und mit den Knoblauchcroûtons servieren.

Zubereitungszeit: ca. 1 Stunde
Pro Portion (bei 6 Portionen) etwa 6 g E, 28 g F, 30 g KH = 411 kcal (1720 kJ)

Blumenkohlsuppe mit Kalbsbries

Für 4 Portionen:
500 g Kalbsbries
Salz
1 Blumenkohl (1 kg, brutto)
1 El Rindersuppenpaste
200 g Porree
75 g Butter oder Margarine
1 El Mehl
2 El Zitronensaft
Muskatnuß (frisch gerieben)
2 Eigelb (Gew.-Kl. 2)
125 g Crème double oder Crème fraîche

1. Kalbsbries gut waschen. Die äußere Haut sorgfältig ablösen. Bries mindestens 1 Stunde wässern. In kochendes Salzwasser geben und 20 Minuten sanft kochen lassen. Herausnehmen, abkühlen lassen.

2. Blumenkohl putzen, in Röschen teilen, Stiele schälen, Blumenkohl waschen, in Salzwasser 5 Minuten vorgaren. Herausnehmen. 1 l Kochwasser abmessen und mit der Suppenpaste abschmecken.

3. Porree putzen, waschen und in Ringe schneiden. Butter oder Margarine in einem Topf zerlassen. Porree darin andünsten. Mehl darüberstäuben. Anschwitzen. Nach und nach die Brühe zugießen und 15 Minuten sanft kochen lassen.

4. Inzwischen das Bries in Röschen teilen. Dabei die inneren Häutchen und Adern entfernen. Bries und Blumenkohl in die Brühe geben. Zum Kochen bringen und mit Salz, Zitronensaft und Muskat abschmecken.

5. Eigelb mit Crème double (oder Crème fraîche) verrühren. Die Suppe damit legieren, dabei nicht mehr kochen lassen. In eine Suppenterrine füllen und sofort servieren.

Zubereitungszeit: ca. 1 1/2 Stunden
Pro Portion etwa 29 g E, 36 g F, 14 g KH = 519 kcal (2173 kJ)

Brunnenkresse-Rahmsuppe mit Krabben

Für 4 Portionen:
1/2 Bund Brunnenkresse
30 g Schalotten
30 g Butter oder Margarine
1 Tl Mehl
1 Glas Kalbsfond (400 ml)
1/8 l Schlagsahne
3 El Crème fraîche
150 g Nordsee-Krabbenfleisch
2 Eigelb, 1 Tl Zitronensaft
1 Prise Zucker, Salz
Pfeffer (a. d. Mühle)
1 Ei (hartgekocht)

1. Kresse im Bund in stehendem Wasser waschen, gut trockenschütteln, dann die Blätter von den groben Stielen zupfen.

2. Schalotten pellen und sehr fein würfeln. In der heißen Butter oder Margarine goldgelb andünsten. Das Mehl zugeben und anschwitzen. Den Kalbsfond zugießen. Alles 10 Minuten bei milder Hitze im offenen Topf kochen lassen.

3. Schlagsahne und Crème fraîche zugeben und verrühren. Zwei Drittel der Kresse zugeben. Alles mit dem Schneidstab des Handrührers pürieren.

4. Einige Krabben zum Garnieren beiseite legen. Die übrigen in der Suppe heiß werden lassen.

5. Eigelb mit etwas Suppe verrühren, dann zur Suppe geben. Mit Zitronensaft, Zucker, Salz und Pfeffer würzen. Nicht mehr kochen lassen.

6. Das Ei halbieren, das Eiweiß fein hacken. Das Eigelb durch die Knoblauchpresse drücken.

7. Die Suppe in vorgewärmte Tassen füllen. Die restliche Brunnenkresse daraufgeben. Mit Krabben, Eiweiß und Eigelb bestreuen und sofort servieren.

Zubereitungszeit: ca. 45 Minuten
Pro Portion etwa 13 g E, 28 g F, 4 g KH = 332 kcal (1390 kJ)

Broccolicremesuppe

Für 4 Portionen:
500 g Hühnerklein
Salz, 1 Bund Suppengrün
1 Zwiebel
2 Lorbeerblätter
1 Tl schwarze Pfefferkörner
600 g Broccoli
200 g Tomaten
10 g Pistazien
1/4 l Schlagsahne
weißer Pfeffer (a. d. Mühle)
Tabasco

1. Hühnerklein mit 1 1/2 l Salzwasser zum Kochen bringen. Suppengrün putzen, waschen, grob zerschneiden. Zwiebel pellen, halbieren. Beides mit Lorbeer und Pfefferkörnern zur Brühe geben. Bei milder Hitze im offenen Topf 1 1/2 Stunde kochen, evtl. abschäumen. Durch ein Sieb gießen und, falls nötig, auf 3/4 l einkochen.

2. Broccoliröschen vom Stiel schneiden. Stiele grob zerkleinern. Stiele und Röschen in die kochende Brühe geben. Nach 4 Minuten etwa 16 Röschen herausnehmen. Warm halten. Restlichen Broccoli weitere 8 Minuten kochen.

3. Tomaten enthäuten, vierteln, entkernen. Pistazien grob hacken.

4. Die Suppe mit dem Schneidstab des Handrührers pürieren. Sahne unterrühren. Suppe mit Salz, Pfeffer, Tabasco würzen. Erhitzen.

5. Broccolicremesuppe auf vorgewärmte Teller verteilen. Mit Broccoliröschen, Tomatenvierteln und Pistazien garnieren. Sofort servieren.

Zubereitungszeit: ca. 2 Stunden
Pro Portion etwa 6 g E, 22 g F, 6 g KH = 254 kcal (1065 kJ)

Gemüsesuppe mit Kressesahne

Für 6 Portionen:
1 Suppenhuhn (1,2 kg)
Salz
1 Tl Pfefferkörner
1 Stück Ingwer (getrocknet)
250 g Möhren
150 g Sellerie
100 g Petersilienwurzeln
400 g Porree
100 ml Schlagsahne
1 1/2-2 Beete Kresse

1. Huhn halbieren und mit 1 1/2 l kaltem Wasser, wenig Salz, Pfefferkörnern und Ingwer zum Kochen bringen. Abschäumen und bei milder Hitze offen 2 Stunden kochen lassen.

2. Das Gemüse putzen, waschen und grob zerschneiden. In den letzten 30 Minuten zugedeckt mitgaren.

3. Huhn aus der fertigen Brühe nehmen (anderweitig verwenden). Brühe durch ein feines Sieb gießen. Kurz stehenlassen, dann entfetten. Auf 3/4 l einkochen.

4. Das Gemüse in etwas Brühe mit dem Schneidstab des Handrührers pürieren, dann mit einem Spatel durch ein Haarsieb streichen. Mit der Brühe auffüllen und gut verrühren. Wieder erhitzen und mit Salz abschmecken.

5. Die Sahne steif schlagen. Kresse von den Stielen schneiden und mit der Sahne verrühren (etwas Kresse zum Garnieren beiseite legen).

6. Die Kressesahne locker mit einem Holzlöffel unter die Suppe rühren. Die Suppe mit einer Kelle kreisförmig in vorgewärmte Suppenteller füllen. Mit Kresse bestreut servieren.

Zubereitungszeit: ca. 2 1/2 Stunden
Pro Portion etwa 33 g E, 10 g F, 7 g KH = 285 kcal (1193 kJ)

Legierte Sauerkrautsuppe mit geräucherter Gänsebrust

Für 6 Portionen:
100 g Kartoffeln
100 g Sauerkraut
1 1/2 l Rinderbouillon (selbstgekocht oder Instant)
100 g Möhren
100 g Sellerie
50 g Porree (weißer Blattanteil)
1 Eigelb
2 El Schmant (60 g, 24%)
Pfeffer (a. d. Mühle)
Salz
12 Scheiben geräucherte Gänsebrust (180 g)
glatte Petersilie

1. Kartoffeln schälen, waschen und grob raspeln. Sauerkraut hacken.

2. Rinderbouillon mit Kartoffeln und Sauerkraut in einem Topf zugedeckt 20 Minuten leise kochen lassen.

3. Möhren und Sellerie putzen, waschen, in Scheiben schneiden. Scheiben in Dreiecke teilen. Porree putzen, waschen, fein schneiden. Gemüse in die Suppe geben und 10 Minuten mitgaren.

4. Eigelb und Schmant verrühren. Etwas heiße Bouillon unterrühren. In die kochende Suppe rühren und kurz aufkochen. Mit Pfeffer und evtl. Salz abschmecken.

5. Gänsebrust in Scheiben oder Streifen auf der Suppe anrichten. Mit Petersilie garniert servieren.

Zubereitungszeit: ca. 50 Minuten
Pro Portion etwa 8 g E, 5 g F, 7 g KH = 110 kcal (461 kJ)

Zitronen-Tomaten-Cremesuppe mit Scampi

Für 4-6 Portionen:
20 g kalte Butter, 20 g Mehl
1 Ds. geschälte Tomaten (800 g EW), 100 g Schalotten
1 Knoblauchzehe
6 Scampi à 40 g
3 Zitronen oder Limetten
1 Sternanis, 1 EL Öl
1/4 l trockener Weißwein
1 El Tomatenmark
3/8 l Schlagsahne
1 Töpfchen Zitronenmelisse
Cayennepfeffer, Salz
Zucker, 2 El Cognac

1. Butter und Mehl verkneten und kalt stellen. Tomaten in ein Sieb geben. Saft auffangen und die Tomaten durch das Sieb zum Saft drücken. Schalotten und Knoblauch pellen, hacken. Scampi waschen, aus den Schalen brechen, längs halbieren. Därme entfernen. Scampi kühl stellen.

2. Eine unbehandelte Zitrone oder Limette heiß abspülen, abtrocknen. Schale abreiben, Frucht auspressen.

3. Scampischalen, Schalotten, Knoblauch und Sternanis im heißen Öl bei starker Hitze in 5-7 Minuten anbraten. Mit Wein und 2 El Zitronen- oder Limettensaft ablöschen. 5 Minuten einkochen. Sud durch ein Sieb in einen Topf gießen. Scampischalen gut ausdrücken.

4. Pürierte Tomaten, Tomatenmark, Sahne in den Sud geben, 10 Minuten kochen.

5. Restliche Zitronen oder Limetten filieren. Melisse verlesen. Einige Blättchen beiseite legen, übrige hacken.

6. Suppe mit der kalten Mehlbutter binden. Eine Hälfte Zitronen- oder Limettenschale zugeben und einmal aufkochen. Scampi und Melisse zugeben. Suppe mit Cayennepfeffer, Salz, 1 Prise Zucker und Cognac pikant würzen. Bei mittlerer Hitze 5 Minuten ziehen lassen.

7. Je 2 Zitronen- oder Limettenfilets und 2 oder 3 Scampihälften in tiefe Teller geben. Mit Suppe auffüllen und mit der restlichen Zitronen- oder Limettenschale sowie Melisseblättern garniert servieren.

Zubereitungszeit: ca. 1 1/4 Stunden
Pro Portion (bei 6 Portionen) etwa 8 g E, 25 g F, 13 g KH = 358 kcal (1504 kJ)

Mandelcremesuppe

Für 4 Portionen:
60 g Zwiebeln
30 g Butter oder Margarine
100 g gemahlene Mandeln
1/2 l Rindfleischbrühe (Suppenpaste)
1/4 l Schlagsahne
40 g Mandelblättchen
100 ml trockener Weißwein
Salz
Pfeffer (a. d. Mühle)
Muskatnuß (frisch gerieben)
2 Eigelb

1. Zwiebeln pellen, fein würfeln und in der Butter oder Margarine glasig dünsten. Die gemahlenen Mandeln dazugeben, kurz anrösten. Mit Brühe ablöschen. Die Hälfte der Sahne unterrühren.

2. Suppe bei milder Hitze zugedeckt 10 Minuten kochen lassen. Dabei gelegentlich umrühren.

3. Die Mandelblättchen in einer Pfanne ohne Fett goldbraun rösten. Die Suppe durch ein Sieb streichen.

4. Wein zugießen, erhitzen, mit Salz, Pfeffer und Muskat kräftig würzen. Eigelb mit 2 El Wasser verquirlen und die Suppe damit legieren (nicht mehr kochen).

5. Die restliche Sahne steif schlagen. Suppe in vorgewärmte Suppentassen füllen. Sahne darauf geben und mit den Mandelblättchen bestreut servieren.

Zubereitungszeit: ca. 45 Minuten
Pro Portion etwa 10 g E, 49 g F, 10 g KH = 552 kcal (2307 kJ)

Grüne-Bohnen-Mandel-Suppe

Für 4-6 Portionen:
500 g grüne Bohnen
1 l Hühnerbrühe (Instant oder selbstgekocht)
Pfeffer (a. d. Mühle)
80 g Butter oder Margarine
4 El Zitronensaft
4 Eigelb
60 g gemahlene Mandeln
Zitronenmelisse oder Zitronenscheiben zum Garnieren

1. Bohnen waschen, putzen, in mundgerechte Stücke brechen. In der Hühnerbrühe etwa 15 Minuten kochen. Einige Bohnen beiseite legen, die übrigen mit dem Schneidstab des Handrührers pürieren. Mit Pfeffer würzen.

2. Butter oder Margarine zerlassen. Mit Zitronensaft, Eigelb und Mandeln gut verrühren, dann in die Suppe rühren.

3. Bis kurz vor dem Siedepunkt erhitzen, aber nicht mehr kochen lassen.

4. Mit den beiseite gelegten Bohnen, Zitronenmelisse oder Zitronenscheiben garniert in vorgewärmten Tellern servieren.

Zubereitungszeit: ca. 45 Minuten
Pro Portion (bei 4 Portionen) etwa 10 g E, 33 g F, 10 g KH = 399 kcal (1669 kJ)

Rahmsuppe mit grünen Bohnenkernen

Für 4 Portionen:
1/2 Bund Brunnenkresse
(oder 1 Beet Kresse)
4 Scheiben Toastbrot
30 g Butter
1 kleine Zwiebel
1 Knoblauchzehe
20 g Margarine
280 g grüne Bohnenkerne
(Flageolets, a. d. Dose)
400 ml Geflügel- oder
Kalbsfond (a. d. Glas)
100 ml Schlagsahne

1. Brunnenkresse im Bund in stehendem Wasser waschen. Trockenschütteln, dann die Blättchen von den groben Stielen zupfen. Toastbrot entrinden, in kleine Würfel schneiden und in der Butter goldbraun rösten. Beiseite stellen.

2. Zwiebel und Knoblauch pellen. Zwiebel fein würfeln, in der Margarine goldgelb andünsten. Knoblauch dazupressen. Die Hälfte der Brunnenkresse dazugeben und kurz mit andünsten.

3. Bohnen auf einem Durchschlag abgießen, kalt abbrausen, dazugeben und gut durchschmoren lassen. Etwas Fond dazugießen, dann alles mit dem Schneidstab des Handrührers pürieren. Evtl. zusätzlich durch ein Sieb streichen. Restlichen Fond dazugießen und nochmals gut durchkochen lassen.

4. Die Sahne steif schlagen. Kurz vor dem Servieren unter die Suppe ziehen. Mit der restlichen Brunnenkresse und den Brotwürfeln servieren.

Zubereitungszeit: ca. 45 Minuten
Pro Portion etwa 23 g E, 31 g F, 14 g KH = 439 kcal (1835 kJ)

Salatsuppe

Für 6 Portionen:
1 kg Hühnerklein (Flügel, Herzen, Mägen)
1 Bund Suppengrün
1 Kopfsalat, Salz
3 Scheiben frisches Weißbrot
90 g Butter
1 kleine Zwiebel
Pfeffer (a. d. Mühle)
1 Tl Zucker
Muskatblüte (gemahlen)
1/4 l Milch
2 Eigelb
3 El Schlagsahne

1. Hühnerklein mit 1 l kaltem Wasser bei milder Hitze langsam zum Kochen bringen. Suppengrün putzen, waschen, grob zerschneiden und dazugeben. Im offenen Topf etwa 1 1/2 Stunden leise kochen. Abschäumen. Fertige Brühe durch ein Sieb gießen.

2. Salat putzen, waschen, kleine Herzblätter zum Garnieren beiseite legen. Übrigen Salat in kräftig gesalzenem Wasser kurz blanchieren. Herausnehmen und abgekühlt in Streifen schneiden.

3. Weißbrot entrinden und würfeln. In 50 g Butter unter Wenden goldbraun rösten, beiseite stellen.

4. Zwiebel pellen, würfeln. In der restlichen Butter glasig dünsten. Die blanchierten Salatstreifen zu den Zwiebeln geben und mitdünsten. Mit 3/4 l Hühnerbouillon auffüllen. Zum Kochen bringen und mit Pfeffer, Salz, Zucker und Muskatblüte würzen. In einen Mixer umfüllen und pürieren.

5. Die Milch dazugießen und bis kurz vor dem Kochen erhitzen.

6. Eigelb mit Sahne verrühren. Die Suppe damit legieren (nicht kochen lassen). In vorgewärmte Teller füllen, mit den Herzblättern garnieren. Croûtons dazu reichen.

Zubereitungszeit: ca. 2 Stunden
Pro Portion etwa 4 g E, 18 g F, 9 g KH = 226 kcal (945 kJ)

Senfcremesuppe mit Kartoffelnockerln

Für 4-6 Portionen:
Nockerln:
300 g Kartoffeln (mehlig festkochend)
Salz, 30 g Butter, 60 g Mehl
1 Ei und 1 Eigelb (Gew.-Kl. 2)
Suppe:
3 Zwiebeln, 100 g Möhren
100 g Sellerie, 200 g Porree
10 g Butter, 40 g Mehl
800 ml Hühnerbrühe oder Geflügelfond (a. d. Glas)
200 g Crème fraîche, Salz
2 El Dijon-Senf
1 Tl Zucker, 75 g Bacon
1 El Majoranblättchen

1. Für die Nockerln Kartoffeln waschen, in der Schale garen. 1/8 l Wasser mit Salz und Butter aufkochen. Mehl auf einmal hineinschütten. Erhitzen, dabei rühren, bis sich die Masse als Kloß vom Topf löst. Weiter erhitzen, bis sich der Belag bräunlich färbt. Kloß in eine Schüssel geben. Zuerst das Ei, dann das Eigelb darunterrühren.

2. Kartoffeln heiß pellen, durch die Presse drücken. Sofort mit dem Brandteig verrühren, abkühlen lassen.

3. Mit zwei nassen Teelöffeln aus dem Teig etwa 24 Klößchen abstechen und im siedenden Salzwasser ca. 3 Minuten gar ziehen lassen. Herausnehmen, abtropfen lassen.

4. Für die Suppe die Zwiebeln pellen, eine davon fein würfeln, übrige beiseite legen. Möhren, Sellerie und Porree waschen, putzen, sehr fein würfeln. Gemüse- und Zwiebelwürfel in der Butter andünsten. Mit dem Mehl bestäuben, gut verrühren und anschwitzen. Mit Brühe ablöschen, Crème fraîche unterrühren und zugedeckt bei milder Hitze 10 Minuten garen.

5. Suppe mit Salz, Senf und Zucker würzen. Bacon fein würfeln. Restliche Zwiebeln in dünne Ringe schneiden. Bacon langsam knusprig braten. Zwiebeln dazugeben und hellbraun braten.

6. Klößchen in der Suppe heiß werden lassen. Suppe auf vorgewärmte Teller verteilen, mit dem Bacon-Zwiebel-Gemisch und Majoran garnieren.

Zubereitungszeit: ca. 1 Stunde
Pro Portion (bei 6 Portionen) etwa 17 g E, 28 g F, 90 g KH – 692 kcal (2896 kJ)

Spargel-Kartoffel-Suppe mit Lachs

Für 6 Portionen:
250 g Spargel
10 g Butter
1 l Geflügelfond (a. d. Glas)
400 g Kartoffeln
60 g Räucherlachs
1 Bund Dill
1/8 l Schlagsahne
Salz
Pfeffer (a. d. Mühle)
Muskatnuß (frisch gerieben)

1. Spargel waschen und schälen. Spargelschale und -abschnitte mit der Butter im Fond bei milder Hitze offen 30 Minuten kochen lassen.

2. Kartoffeln schälen, waschen, würfeln. Den Spargel in Stücke schneiden.

3. Die Brühe durch ein Sieb gießen. Kartoffeln in der Brühe zugedeckt in 20 Minuten garen.

4. Lachs in Streifen schneiden. Dill waschen, trockenschütteln und hacken.

5. Kartoffeln mit dem Schneidstab des Handrührers in der Brühe pürieren. Sahne unterrühren. Mit Salz, Pfeffer, Muskatnuß würzen.

6. Die Suppe durch ein Sieb rühren. Spargelstücke hinzugeben und 10 Minuten darin garen.

7. Die Suppe in vorgewärmte Tassen füllen und mit Lachs und Dill bestreuen. Sofort servieren.

Zubereitungszeit: ca. 1 1/4 Stunden
Pro Portion etwa 5 g E, 9 g F, 9 g KH = 146 kcal (615 kJ)

Artischocken-Cremesuppe

Für 4 Portionen:
1 kg Hühnerklein (Flügel, Herzen, Mägen zu gleichen Teilen)
Salz
1 Bund Suppengrün
1 Bouquet garni (aus Lorbeerblatt, Petersilie und Thymian)
1 Tl schwarze Pfefferkörner
5 große Artischocken (à 400 g)
4 El Zitronensaft
2 El Crème fraîche
1 Eigelb

1. Hühnerklein in 1 1/2 l Salzwasser zum Kochen bringen. Abschäumen. Suppengrün putzen, waschen, grob zerschneiden. Mit dem Bouquet garni und den Pfefferkörnern zur Brühe geben. Bei milder Hitze offen 1 1/2 Stunden kochen lassen.

2. Inzwischen von einer Artischocke den Stiel und die unteren Blätter entfernen. Artischocke in reichlich kochendem Salzwasser mit Zitronensaft 30 Minuten kochen lassen. Herausnehmen, in kaltem Wasser abschrecken. Beiseite stellen.

3. Von den anderen vier Artischocken die Stiele und die unteren Blätter entfernen. Die Artischocken achteln, Heu herausschneiden. Die Bouillon durch ein Sieb gießen und die Artischockenachtel darin 40 Minuten garen.

4. Von der ganzen Artischocke 12-18 fleischige Blätter abzupfen und beiseite legen. Die restlichen Blätter und das Heu der Artischocke entfernen. Den Boden grob zerteilen und zur Suppe geben.

5. Die Suppe mit dem Schneidstab des Handrührers pürieren und nochmals erhitzen. Crème fraîche und Eigelb gut verrühren. Die Suppe damit binden. Nicht mehr kochen lassen.

6. In vorgewärmte Teller geben und mit den Artischockenblättern garnieren.

Zubereitungszeit: ca. 1 1/2 Stunden
Pro Portion etwa 8 g E, 6 F, 25 g KH = 181 kcal (759 kJ)

FISCH-
SUPPEN

Bouillabaisse

Für 6 Portionen:
500 g verschiedene kleine festfleischige Mittelmeer-Fischfilets (küchenfertig)
2 Zwiebeln (120 g)
2 Knoblauchzehen
4 El Olivenöl
1 Stange Porree (100 g)
2 reife Fleischtomaten (350 g)
200 g Kartoffeln
800 ml Fischfond (a. d. Glas)
2 Lorbeerblätter
1/2-1 Tl Fenchelsamen
Salz
weißer Pfeffer (a. d. Mühle)
1 Tüte Safran (ca. 0,02 g)
Bund glatte Petersilie

1. Fischfilets abspülen, trocknen, quer in nicht zu dicke Stücke schneiden.

2. Zwiebeln und Knoblauch pellen und fein würfeln. In einem großen Topf im mäßig heißen Öl andünsten.

3. Porree putzen, waschen, in Ringe schneiden. Tomaten enthäuten, in Stücke schneiden. Kartoffeln schälen, waschen, längs halbieren und in Scheiben schneiden.

4. Gemüse und Kartoffeln in den Topf geben. Fond und soviel Wasser zugießen, daß alles knapp bedeckt ist.

5. Lorbeer, Fenchelsamen, Salz und Pfeffer zufügen. Bei starker Hitze rasch zum Kochen bringen. Zugedeckt in 10 Minuten bei mittlerer Hitze gar kochen. Schaum abschöpfen. Dann Fisch zugeben und weitere 10 Minuten kochen. Nicht rühren. Mit Salz, Pfeffer und Safran kräftig abschmecken. Mit gehackter Petersilie bestreut servieren. Dazu: Baguette, nach Belieben mit frischem Knoblauch bestreichen.

Zubereitungszeit: ca. 45 Minuten
Pro Portion etwa 24 g E, 13 g F, 9 g KH = 262 kcal (1095 kJ)

Katalanischer Muscheleintopf

Für 4-6 Portionen:
750 g Kartoffeln
200 g Zwiebeln
3 große Knoblauchzehen
6 El Olivenöl
50 g Rosinen
1/4 l Fond (Kalb oder Gemüse a. d. Glas)
1 Dose geschälte Tomaten (800 g EW)
Salz, 1 Prise Zucker
1/8 l Rotwein
30 g Krebsbutter (a. d. Dose)
1/2 Bund Petersilie
1 kg Miesmuscheln
500 g Venusmuscheln
8 Hummerkrabben mit Kopf (750 g)
50 g Pinienkerne

1. Kartoffeln schälen, waschen und längs vierteln. Zwiebeln pellen und in schmale Längsspalten schneiden. Knoblauch pellen und durchpressen.

2. Die vorbereiteten Zutaten im mäßig heißen Olivenöl unter Rühren 10 Minuten andünsten. Dann die Rosinen und den Fond zugeben. Zugedeckt 15 Minuten bei milder Hitze garen lassen.

3. Inzwischen die Tomaten abgießen, den Saft auffangen. Die Tomaten quer halbieren und in den Topf geben. Mit Salz und etwas Zucker würzen und aufkochen. Rotwein und Krebsbutter mit etwas Flüssigkeit aus dem Topf verrühren, dann in den Topf geben, verrühren und 5 Minuten kochen lassen.

4. Petersilie grob hacken. Muscheln gründlich waschen und verlesen. Hummerkrabben abspülen.

5. Petersilie unterziehen und den Tomatensaft zugießen. Muscheln und Hummerkrabben auf das Gemüse legen. Zugedeckt bei sehr starker Hitze 5-8 Minuten garen. Geschlossene Muscheln aussortieren. Pinienkerne in einer trockenen Pfanne goldbraun rösten und kurz vor dem Servieren über den Eintopf streuen.

Zubereitungszeit: ca. 1 1/4 Stunden
Pro Portion (bei 6 Portionen) etwa 28 g E, 21 g F, 30 g KH = 446 kcal (1865 kJ)

Muschelsuppe mit buntem Gemüse

Für 4 Portionen:
1,5 kg Miesmuscheln
2-3 Knoblauchzehen
1 Bund Suppengrün
1 Bund Dill
1/2 l trockener Weißwein
3 Lorbeerblätter
50 g Butter
1 Msp. scharfes Currypulver
3 Eigelb, 1/4 l Schlagsahne
1 El helles Saucenbindemittel
2 cl trockener Sherry
1 El Sojasauce (salzig)

1. Muscheln waschen. Muscheln, die sich nicht mehr schließen, aussortieren. Knoblauch pellen. Suppengrün putzen, waschen und in dünne Streifen (Julienne) schneiden.

2. Dill waschen, grob zerschneiden und mit Wein und Lorbeerblättern in einem großen Topf zum Kochen bringen. Muscheln hineingeben. Durchrühren und zugedeckt 6-8 Minuten garen. Topf dabei ab und zu rütteln. Muscheln in ein Sieb schütten, den Sud auffangen. Geschlossene Muscheln aussortieren.

3. Butter in einem Topf erhitzen. Gepellten Knoblauch durchpressen. Mit den Gemüsestreifen und Curry im Fett leicht andünsten.

4. Muschelfleisch aus den Schalen lösen. Eigelb mit der Sahne verquirlen. Muschelsud durch ein Teesieb (Bodensatz zurücklassen) zu dem Gemüse gießen. Zum Kochen bringen. Saucenbindemittel unterrühren. Dann die Eigelb-Sahne-Mischung unterrühren und die Suppe leicht binden. Nicht mehr kochen.

5. Mit Sherry und Sojasauce würzen und das Muschelfleisch dazugeben. Erhitzen. Muschelsuppe in einer gut vorgewärmten Terrine sofort servieren.

Zubereitungszeit: ca. 1 1/2 Stunden
Pro Portion etwa 12 g E, 35 g F, 12 g KH = 584 kcal (2445 kJ)

Feine Muschelsuppe

Für 4 Portionen:
1,5 kg Miesmuscheln
1/4 l trockener Weißwein
etwas Thymian
Pfeffer (a. d. Mühle)
1 Knoblauchzehe
1 Bund Suppengrün
1 El Butter
3 El Crème fraîche
1 Bund glatte Petersilie

1. Muscheln waschen. Muscheln, die sich nicht mehr schließen, aussortieren.

2. Den Wein mit Thymian, Pfeffer und durchgepreßter Knoblauchzehe zum Kochen bringen. Muscheln darin im geschlossenen Topf 10 Minuten kochen. Geschlossene Muscheln aussortieren.

3. Muscheln abkühlen lassen, dann aus den Schalen lösen. Suppengrün putzen, waschen, in feine Streifen schneiden und in der Butter glasig andünsten.

4. Muschelsud durch ein Sieb gießen, mit Wasser auf 3/4 l auffüllen und zu dem Gemüse geben. Knapp 10 Minuten kochen lassen. Crème fraîche unterrühren und ausgelöste Muscheln zufügen. Erhitzen und abschmecken. Petersilie hacken und darüberstreuen. Suppe sofort servieren.

Zubereitungszeit: ca. 1 1/2 Stunden
Pro Portion etwa 8 g E, 10 g F, 5 g KH = 146 kcal (611 kJ)

Zwetschgensuppe mit Aalklößchen

Für 6 Portionen:
1 kleiner, frischer Aal (375 g brutto)
200 g geräuchertes Aalfilet
2 Eiweiß (Gew.-Kl. 4)
Cayennepfeffer
100 g Möhren
100 g Sellerie
375 g Zwetschgen
Salz
1 1/2 l Rindfleischbouillon (Suppenpaste oder selbstgekocht)

1. Den frischen Aal häuten, filieren (macht auf Wunsch der Fischhändler). Frisches Aalfleisch zusammen mit geräuchertem zweimal durch die feine Scheibe des Fleischwolfs drehen. Fischmus dabei in eine auf Eiswasser gesetzte Schüssel geben.

2. Eiweiß mit der Gabel leicht aufschlagen. Zum Fischmus geben und mit dem Spatel vorsichtig untermischen. Die Fischfarce zugedeckt 30 Minuten kalt stellen. Anschließend mit 1 Prise Cayenne würzen.

3. Möhren und Sellerie putzen, waschen. Zuerst in dünne Scheiben, dann in Dreiecke schneiden.

4. Zwetschgen waschen, halbieren, entsteinen, vierteln.

5. In einem Topf Salzwasser, in einem anderen die Bouillon zum Kochen bringen.

6. Aus der Fischfarce mit zwei Teelöffeln kleine Klößchen abstechen. Im Salzwasser ziehen lassen, bis sie an die Oberfläche steigen.

7. Gemüse und Zwetschgen in der Bouillon 2 Minuten leise kochen lassen.

8. Die Aalklößchen mit der Schaumkelle aus dem Salzwasser heben. Abgetropft in vorgewärmte Suppentassen geben. Mit der heißen Gemüsebouillon auffüllen.

Zubereitungszeit: ca. 1 Stunde
Pro Portion etwa 15 g E, 22 g F, 9 g KH = 303 kcal (1268 kJ)

Austernsuppe

Für 4 Portionen:
75 g Zwiebeln
50 g Schalotten
12 große Austern (vom Fischhändler öffnen lassen)
1/8 l trockener Weißwein
75 g Butter
1/2 Tl mildes Currypulver
1 Msp. scharfes Currypulver
2 1/2 Eigelb
100 g Crème double
1/2 Bund Petersilie
etwas Frühlingszwiebel
Salz

1. Zwiebeln und Schalotten pellen und sehr fein würfeln. Ein Sieb mit Filterpapier auslegen. Die Austernflüssigkeit dadurch gießen und auffangen.

2. Den Wein in einem flachen Topf erhitzen. Austern vorsichtig aus der Schale lösen und nacheinander in dem erhitzten Wein pochieren, bis sie stocken. Zugedeckt beiseite stellen.

3. Butter in einem Topf zerlassen. Zwiebeln und Schalotten darin glasig dünsten. Mildes und scharfes Currypulver kurz anschwitzen. Austernflüssigkeit, Wein und 3/8 l Wasser zugießen. 6-8 Minuten kochen lassen.

4. Eigelb und Crème double verrühren. Petersilie hacken, Frühlingszwiebel putzen, waschen und in dünne Ringe schneiden. Kurz mit kochendem Wasser überbrühen.

5. Die Suppe durch ein Sieb gießen, nochmals aufkochen. Den Topf von der Kochstelle nehmen. Die Suppe mit der Eigelbmischung binden, nicht mehr kochen. Mit Salz würzen.

6. Je 3 Austern auf einen vorgewärmten Teller legen und die Suppe darübergeben. Mit Petersilie und Frühlingszwiebel bestreut sofort servieren.

Zubereitungszeit: ca. 1 Stunde
Pro Portion etwa 8 g E, 30 g F, 7 g KH = 349 kcal (1461 kJ)

Fischsuppe mit Pfefferschotenpaste

Für 4 Portionen:
150 g Zwiebeln
2 Knoblauchzehen
100 ml Olivenöl
1 Kapsel Safranpulver
800 ml Fischfond (a. d. Glas)
Salz, 500 g Miesmuscheln
1/8 l Weißwein, 1 Baguette
4 rote Pfefferschoten
(a. d. Glas)
1/2 Dose geschälte Tomaten
(500 g EW), 750 g Fischfilet
(Kabeljau, Heilbutt oder gem.)
1/2 Bund glatte Petersilie

1. Zwiebeln pellen, in dünne Längsspalten schneiden. Knoblauch pellen. Eine Zehe in dünne Scheiben schneiden. Zwiebeln und Knoblauchscheiben bei milder Hitze in 3 El Olivenöl glasig dünsten. Safran und Fischfond dazugeben. Mit Salz würzen.

2. Bei milder Hitze offen 20 Minuten ziehen lassen. Inzwischen die Muscheln waschen, nur geschlossene Muscheln verwenden. Zugedeckt im Weißwein bei starker Hitze in etwa 7 Minuten garen.

3. Etwa 40 g Baguette würfeln. Stielansätze der Pfefferschoten abschneiden. Die zweite Knoblauchzehe durchpressen. Brotwürfel, Pfefferschoten und Knoblauch mit dem restlichen Olivenöl pürieren.

4. Tomaten abgießen (Saft anderweitig verwenden). Tomaten grob zerteilen. Fisch in grobe Würfel schneiden. Petersilienblätter von den Stielen zupfen. Tomaten, Fisch und Petersilie in die Suppe geben. Etwa 7 Minuten ziehen lassen. Die gegarten Muscheln in der Schale dazugeben (geschlossene aussortieren).

5. Das restliche Baguette in Scheiben schneiden und rösten. Mit der Pfefferschotenpaste bestreichen und zur Suppe reichen.

Zubereitungszeit: ca. 1 Stunde
Pro Portion etwa 42 g E, 27 g F, 47 g KH = 616 kcal (2577 kJ)

Kartoffel-Muschel-Suppe

Für 6-8 Portionen:
500 g Schinkenknochen (evtl. gewässert)
3 Lorbeerblätter
750 g Miesmuscheln
300 g Zwiebeln
2 Knoblauchzehen
30 g Butter
1/8 l Weißwein
1 Bund Suppengrün
500 g Kartoffeln
1 Bund Schnittlauch
Pfeffer (a. d. Mühle)

1. Schinkenknochen mit etwa 2 l Wasser und 2 Lorbeerblättern zum Kochen bringen. Bei mittlerer Hitze 1 Stunde kochen lassen, dabei ständig abschäumen.

2. Muscheln gut waschen, nur geschlossene Muscheln verwenden.

3. Zwiebeln und Knoblauch pellen und grob zerkleinern. Butter in einem Topf zerlassen. Zwiebeln, Knoblauch und restliches Lorbeerblatt darin andünsten. Mit Weißwein ablöschen. Muscheln zugeben und 7-10 Minuten zugedeckt kochen, dabei den Topf ab und zu rütteln. Muscheln im Sud abkühlen lassen. Geschlossene Muscheln aussortieren.

4. Suppengrün putzen, Kartoffeln schälen. Beides waschen und in kleine Würfel schneiden.

5. Schinkenknochen nach der Kochzeit aus der Brühe nehmen. Die Brühe evtl. durch ein Sieb gießen. Wieder zum Kochen bringen, das Gemüse 15 Minuten bei mittlerer Hitze darin kochen lassen. Den Schnittlauch in Röllchen schneiden. Das Muschelfleisch auslösen, 1/8 l Muschelsud abmessen. Muscheln, Sud und Schnittlauch in die Brühe geben. Heiß werden lassen und mit Pfeffer würzen. Servieren.

Zubereitungszeit: ca. 2 Stunden
Pro Portion (bei 8 Portionen) etwa 4 g E, 4 g F, 12 g KH = 106 kcal (441 kJ)

Feiner Fischeintopf mit Safranreis

Für 6 Portionen:
200 g Zwiebeln, 200 g Sellerie
1 Limette oder Zitrone (unbehandelt)
4 Knoblauchzehen
1 kg Porree
1 1/2 kg verschiedene Fischstücke (z. B. Lachs, Kabeljau, Steinbeißer, Seezunge)
6 Hummerkrabben
2 Pfefferschoten (rot, grün)
Salz, 200 g Langkornreis
1 Kapsel Safran, 60 g Butter
1 l Geflügelfond (a. d. Glas)
150 g Perlerbsen (TK)
1 Zweig Estragon
1 Bund Basilikum
1/2 Bund glatte Petersilie

1. Die Zwiebeln pellen, in feine Streifen schneiden. Sellerie schälen, waschen, längs in Stücke, dann in dünne Scheiben schneiden. Limette (Zitrone) heiß waschen, die Schale abreiben, beiseite stellen. Sellerie mit dem Saft beträufeln. Knoblauch pellen, hacken. Porree putzen, waschen, in Ringe schneiden.

2. Das Fischfleisch von den Gräten schneiden. Die Haut abziehen. Fisch in mundgerechte Stücke schneiden. Hummerkrabben schälen, abspülen, längs halbieren und den Darm entfernen. Krabben und Fisch kühl stellen.

3. Pfefferschoten waschen, in dünne Ringe schneiden. Kerne zum Teil entfernen (sind sehr scharf!). 400 ml Wasser mit Salz aufkochen. Reis, Safran und Pfefferschoten 15-18 Minuten darin garen (Reis soll körnig sein).

4. Butter in einem Topf aufschäumen lassen. Zwiebeln, Sellerie und Knoblauch darin 5 Minuten dünsten, Porree und Fond zugeben. 5 Minuten bei milder Hitze kochen. Fisch, Hummerkrabben, Erbsen sowie Estragonzweig zugeben. Zugedeckt bei sehr milder Hitze 8-10 Minuten ziehen lassen.

5. Basilikum und Petersilie grob hacken. Mit der Limetten-(Zitronen-)schale unterziehen. Abschmecken. Safranreis und Fischeintopf getrennt reichen.

Zubereitungszeit: ca. 1 1/4 Stunden
Pro Portion etwa 52 g E, 18 g F, 45 g KH = 600 kcal (2508 kJ)

Ungarische Fischsuppe

Für 6-8 Portionen:
750 g Süßwasserfische (gemischt, z. B. kleine Welse, Barsche, Rotaugen - vom Fischhändler ausnehmen lassen)
150 g Zwiebeln
1 Knoblauchzehe
3 El Öl
Salz
weißer Pfeffer (a. d. Mühle)
2 gestr. El Paprikapulver (edelsüß)
750 g Zander- oder Karpfenfilet

1. Fische schuppen, waschen und in Stücke schneiden. Köpfe mitverwenden.

2. Zwiebeln und Knoblauch pellen, Zwiebeln mittelfein würfeln. Öl in einem Topf erhitzen. Die Zwiebeln darin glasig dünsten. Die Fischstücke und den Knoblauch zugeben. Kurz verrühren und 3/4 l Wasser zugießen. Mit Salz, Pfeffer und Paprikapulver würzen.

3. Die Fische ungefähr 45 Minuten bei mittlerer Hitze im offenen Topf kochen.

4. Die Fischbrühe mit den Fischstücken durch ein Sieb in einen Topf streichen. Mit Wasser auf 1/2 l auffüllen.

5. Die Suppe evtl. noch einmal mit Salz und Pfeffer würzen. Das Karpfen- bzw. Zanderfilet in nicht zu große Stücke schneiden und 5-6 Minuten in der Fischsuppe gar ziehen lassen.

6. Die Suppe auf vorgewärmten Tellern servieren.

Zubereitungszeit: ca. 1 3/4 Stunden
Pro Portion (bei 8 Portionen) etwa 24 g E, 5 g F, 1 g KH = 152 kcal (683 kJ)

Fischeintopf mit Aïoli

Für 6-8 Portionen:
2 kg Hühnerklein
1 Bund Suppengrün, Salz
2 Tütchen Safran (à 0,02 g)
350 g Kartoffeln
6 große Knoblauchzehen
3 Bund Frühlingszwiebeln
200 g Fenchel
1-2 Bund Thymian
1 Peperoni
1 Rotbarsch (ohne Kopf, küchenfertig, etwa 1 kg)
6 Kabeljaufilets (etwa 800 g)
8 Steinbeißerkoteletts (etwa 1 kg)
4 El Zitronensaft
2 Eigelb
1 Tl Senf, 1/4 l Öl
1 Bund glatte Petersilie
250 g Grönlandshrimps (ungeschält)
6 El Olivenöl
3 Lorbeerblätter

1. Hühnerklein in 3 l Wasser zum Kochen bringen. Suppengrün putzen, waschen und grob zerschneiden. Mit Salz und Safran zum Hühnerklein geben. Brühe sorgfältig abschäumen und bei milder Hitze offen 2 Stunden kochen lassen.

2. Inzwischen alle anderen Zutaten vorbereiten: Kartoffeln schälen und waschen, in dünne Längsspalten schneiden. Knoblauch pellen, 5 Zehen in dünne Scheiben schneiden. Frühlingszwiebeln putzen, waschen und in Ringe schneiden. Dabei die weißen und die grünen Ringe getrennt beiseite legen. Fenchel waschen, putzen und in feine Streifen schneiden. Fenchelgrün zerzupfen.

3. Thymian von den Stielen zupfen. Peperoni putzen, waschen und fein hacken. Rotbarsch in 6-8 Stücke schneiden. Rotbarsch, Kabeljau und Steinbeißer waschen, trocknen, mit 3 El Zitronensaft beträufeln und salzen.

4. Für die Aïoli Eigelb mit dem restlichen Zitronensaft, Senf, Salz und der restlichen durchgepreßten Knoblauchzehe cremig rühren. Das Öl zuerst tropfenweise, dann in dünnem Strahl mit den Quirlen des Handrührers auf höchster Stufe unterschlagen, bis eine dicke Mayonnaise entsteht. Kühl stellen. Petersilie waschen, trockenschütteln und grob hacken. Shrimps in einem Sieb kurz abspülen und abtropfen lassen.

5. Die fertige Brühe durch ein Sieb gießen und auffangen. Olivenöl erhitzen. Kartoffeln, Knoblauchscheiben, weiße Frühlingszwiebelringe, Fenchelstreifen, Thymian, Peperoni und Lorbeer 10 Minuten darin dünsten. Brühe zugießen und alles bei milder Hitze 20 Minuten im offenen Topf garen.

6. Fischstücke und die grünen Frühlingszwiebelringe in den Topf geben und 12 Minuten darin erhitzen. Shrimps, Petersilie, Fenchelgrün zugeben und weitere 5 Minuten ziehen lassen. Fischtopf evtl. nachwürzen. Mit Aïoli und gerösteten Brotscheiben servieren.

Zubereitungszeit: ca. 2 3/4 Stunden
Pro Portion (bei 8 Portionen) etwa 41 g E, 28 g F, 12 g KH = 485 kcal (2029 kJ)

Fischtopf mit Basilikum

Für 4 Portionen:
500 g reife Tomaten
150 g Zwiebeln
4-6 Knoblauchzehen
1/8 l kaltgepreßtes Olivenöl
3/4 l Geflügelfond
(a. d. Glas oder selbstgekochte Brühe)
1 Tl Paprikapulver (edelsüß)
1 Prise Cayennepfeffer
Salz
1 Prise Zucker
2-3 Bund Basilikum
6 Kabeljaukoteletts
(etwa 1,2 kg)

1. Tomaten enthäuten, Stielansätze herausschneiden. Tomaten längs halbieren, die Kerne herausdrücken und das Tomatenfleisch in Spalten schneiden.

2. Zwiebeln pellen, ebenfalls in schmale Spalten schneiden. Knoblauch pellen und in dünne Scheiben schneiden. Die Hälfte des Öls in einer Pfanne erhitzen. Zwiebeln und Knoblauch bei sehr milder Hitze darin andünsten. 3 El Fond oder Brühe zufügen, zugedeckt 10-12 Minuten dünsten, ab und zu umrühren. Zwiebeln sollen keine Farbe annehmen.

3. Paprikapulver darüberstreuen, verrühren und kurz anschwitzen. Alles in einen ofenfesten Topf umfüllen. Die Tomaten dazugeben. Mit Cayennepfeffer, Salz und Zucker bestreuen. Basilikumblätter von den Stielen zupfen und auf die Tomaten geben.

4. Fischkoteletts waschen, von beiden Seiten salzen und auf die Basilikumblätter legen. Restlichen Fond oder Brühe darübergießen. Bei 200 Grad (Gas 3, Umluft 175 Grad: 25-30 Minuten) auf mittlerer Einschubleiste 20-25 Minuten garen. Restliches Öl über den Fisch geben und servieren.

Zubereitungszeit: ca. 1 Stunde
Pro Portion etwa 34 g E, 35 g F, 23 g KH = 565 kcal (2364 kJ)

Lachs-Consommé mit Hummer und Muscheln

Für 12 Portionen:
Fischsud:
1 kg Fischkarkassen (von Edelfischen)
1 Bund glatte Petersilie
1 Bund Dill
2 Lorbeerblätter
1 El schwarze Pfefferkörner
Salz
Lachs-Consommé:
500 g Suppengrün
36 Miesmuscheln (in der Schale)
2 Hummer (à 500 g)
1 Dose Chatka-Krebsfleisch (à 185 g), 12 Lachsscheiben (roh, à 40 g)
1 Zitrone, 250 g Butter

1. Für den Sud 3 l Wasser mit den Karkassen aufkochen lassen. Dann gründlich abschäumen. Petersilie, Dill, Lorbeer, Pfeffer und Salz zugeben. 20 Minuten im offenen Topf sprudelnd kochen lassen. Den Sud durch ein Sieb gießen.

2. Suppengrün putzen, waschen und schräg in Scheiben schneiden. Die Muscheln sorgfältig waschen, verlesen.

3. Den Fischsud aufkochen. Hummer nacheinander in den kochenden Sud geben. Im geschlossenen Topf jeweils 1 Minute sprudelnd kochen lassen, herausnehmen. Dann beide Hummer, die Muscheln und das Suppengrün in den Sud geben. Nochmals aufkochen lassen. Vom Herd nehmen und 20 Minuten ziehen lassen. Geschlossene Muscheln aussortieren.

4. Hummer herausnehmen und etwas abkühlen lassen. Das Fleisch aus den Panzern brechen und in mundgerechte Stücke teilen. Krebsfleisch auf einem Sieb abtropfen lassen, die Chitinteile entfernen. Lachsscheiben, Hummerstücke und Krebsfleisch auf heißen Suppentellern verteilen.

5. Die Consommé mit den Muscheln noch einmal erhitzen. Die Zitrone auspressen. Butter in der Suppe schmelzen. Zitronensaft zugeben. Die fast kochende Consommé über Lachs, Hummer und Krebsfleisch in die Teller füllen.

Zubereitungszeit: ca. 1 1/2-2 Stunden
Pro Portion etwa 18 g E, 25 g F, 9 g KH = 348 kcal (1454 kJ)

EINTÖPFE

Kartoffelsuppe

Für 4-6 Portionen:
750 g Kartoffeln (mehlig festkochend)
3 Frühlingszwiebeln (150 g)
3 Möhren (175 g)
1 Stange Porree (100 g)
3-4 innere Stangen Staudensellerie (100 g)
70 g Butter
1 l Rindfleischbrühe (selbst gekocht oder a. d. Glas)
2 Lorbeerblätter, Salz, weißer Pfeffer (a. d. Mühle)
200 g Pfifferlinge
100 g durchw. Speck
100 ml Schlagsahne
Majoran (getrocknet)
Muskat (frisch gerieben)
1 Bund glatte Petersilie
2 Scheiben Graubrot (90 g)

1. Kartoffeln schälen, waschen, in kleine Würfel schneiden. Frühlingszwiebeln, Möhren, Porree, Sellerie putzen, waschen und in Scheiben schneiden.

2. Kartoffeln und Gemüse in 30 g zerlassener Butter andünsten. Brühe zugießen, Lorbeer, Salz und Pfeffer zufügen. Zum Kochen bringen und bei milder Hitze 20-25 Minuten kochen.

3. Pilze putzen, evtl. abbrausen, trocknen. Speck in feine Würfel schneiden. Etwas ausbraten und die Pilze 5 Minuten darin braten. Mit Salz und Pfeffer würzen. Beiseite stellen.

4. Gut 1/3 der Suppe in eine Schüssel schöpfen und mit dem Schneidstab des Handrührers pürieren. Wieder in die übrige Suppe geben. Sahne unterziehen. Speck-Pilz-Masse zufügen, miterhitzen. Mit Majoran, Muskat, Salz und Pfeffer kräftig würzen. Petersilie waschen, hacken, unterheben.

5. Graubrotrinde evtl. abschneiden, Brot in kleine Würfel schneiden. In der restlichen Butter goldbraun rösten und kurz vor dem Servieren über die Suppe streuen.

Tip: Außerhalb der Pilzsaison 20 g getrocknete Pfifferlinge mit dem Einweichwasser in der Suppe mitkochen.

Zubereitungszeit: ca. 1 Stunde
Pro Portion (bei 6 Portionen) etwa 7 g E, 30 g F, 26 g KH = 411 kcal (1721 kJ)

Indonesische Hühnersuppe mit Glasnudeln

Für 6 Portionen:
1 küchenfertiges Hähnchen (1 kg), Salz
200 g Kartoffeln
150 g Möhren
150 g grüne Bohnen
150 g Weißkohlblätter
50 g Glasnudeln, 5 Schalotten
3 Knoblauchzehen
2-3 Tl Sambal oelek
1/2 Tl Korianderpulver
1/2 Tl Kurkuma
1/2 Tl ger. Ingwerwurzel
3 Lichtnüsse (Kemiri)
1/2 Tl Krabbenpaste (Terasi)
3 El Öl
1 Stange Zitronengras (Sereh)
3 indonesische Lorbeerblätter (Daun salam)
125 g Kokoscreme
Palmzucker (Gula jawa)

1. Hähnchen in 2 l Salzwasser 50 Minuten kochen, herausnehmen und erkalten lassen.

2. Kartoffeln schälen, waschen, in 1 cm große Würfel schneiden, Möhren schälen, waschen, schräg in Stücke schneiden. Bohnen putzen, waschen, schräg in 1 cm dicke Scheiben schneiden. Weißkohlblätter waschen, in 8 cm große Quadrate schneiden.

3. Nudeln mit der Schere in 10 cm lange Stücke schneiden, in kaltem Wasser einweichen.

4. Schalotten und Knoblauch pellen und fein würfeln. Mit Sambal oelek, Koriander, Kurkuma, Ingwer, Lichtnüssen, Krabbenpaste und 2 El Wasser im Mörser pürieren. Paste in Öl andünsten.

5. Hähnchen enthäuten, Fleisch von den Knochen lösen und würfeln.

6. Zitronengrasstange längs aufschneiden. Mit der angedünsteten Gewürzpaste, Lorbeer und Kokoscreme in die Brühe rühren.

7. Zuerst Kartoffeln und Möhren, nach 5 Minuten Bohnen und Kohl dazugeben. Noch 10 Minuten garen.

8. Suppe mit Salz und evtl. Palmzucker abschmecken. Die abgetropften Glasnudeln und das Fleisch zugeben. In 5 Minuten heiß werden lassen. Evtl. noch Reis dazureichen.

Zubereitungszeit: ca. 1 1/2 Stunden
Pro Portion etwa 28 g E, 18 g F, 19 g KH = 350 kcal (1464 kJ)

Eintopf mit Lamm

Für 4 Portionen:
1,4 kg Lammschulter
2 Knoblauchzehen
500 g Kartoffeln (mehlig kochend)
500 g Porree
Salz
weißer Pfeffer (a. d. Mühle)
2 Lorbeerblätter

1. Lammfleisch von den Knochen lösen und in ca. 3 cm große Würfel schneiden. Die Knochen in 1/2 l Wasser 10 Minuten kochen.

2. Knoblauch pellen, durchpressen oder fein würfeln. Kartoffeln schälen, waschen, in ca. 1 cm große Würfel schneiden. Porree putzen, waschen. Weiße und hellgrüne Teile in ca. 1 cm breite Ringe schneiden.

3. Lammfleisch mit Knoblauch ohne Fett in einem Topf leicht bräunen. Fleisch dabei ab und zu wenden. Mit Salz und Pfeffer würzen.

4. Von der Lammbrühe 1/4 l dazugießen. Das Lammfleisch bei schwacher Hitze im geschlossenen Topf 20 Minuten garen.

5. Dann die Kartoffeln und Lorbeer unterrühren. Nach 10 Minuten den Porree zugeben. Den Eintopf noch 15 Minuten im geschlossenen Topf garen. Mit Salz und Pfeffer abschmecken.

Zubereitungszeit: ca. 1 1/2 Stunden
Pro Portion etwa 49 g E, 45 g F, 21 g KH = 688 kcal (2877 kJ)

Bollito misto

Für 6-8 Portionen:
3 gestr. Tl Salz
4 Lorbeerblätter
15 Pfefferkörner
1,25 kg Rinderbrust
1 Kalbszunge (600-700 g)
100 g Zwiebeln
1 Bund Suppengrün
1 küchenfertiges Masthähnchen, ca. 1 kg
1 kg Kartoffeln
750 g Möhren
500 g Sellerieknolle
1,5 kg Porree
500 g Broccoli

1. In einem großen Topf 4 l Wasser mit Salz, Lorbeer, Pfeffer aufkochen. Rinderbrust 15 Minuten offen darin sieden, aber nicht kochen.

2. Kalbszunge, gepellte Zwiebeln und geputztes, grob zerteiltes Suppengrün zugeben und 1 1/4 Stunden schwach kochen. Fleisch ab und zu wenden, Brühe abschäumen.

3. Hähnchen hineingeben, und 30-35 Min. mitkochen.

4. Kartoffeln schälen, mit Wasser bedecken. Gemüse putzen, waschen. Möhren der Länge nach vierteln. Sellerie vierteln, in 1/2 cm dicke Scheiben schneiden. Vom Porree weiße und hellgrüne Blattanteile in fingerlange Stücke schneiden. Broccoli in Röschen schneiden.

5. Ofen auf 100 Grad (Umluft 100 Grad, Gas 1) vorheizen. Fleisch aus der Brühe nehmen.

6. Zunge kalt abschrecken, Haut abziehen. Zunge und Rinderbrust in Scheiben schneiden. Hähnchenkeulen und -brust austrennen. Keulen am Gelenk teilen. Brustfleisch von den Knochen lösen, in Scheiben schneiden. Fleisch in eine feuerfeste Form geben, im Ofen warm halten.

7. Brühe durch ein Sieb gießen, zum Kochen bringen. Möhren, Sellerie 6-8 Min. darin garen. Dann Porree und Broccoli weitere 4-5 Min. mitgaren. Kartoffeln in etwas abgeschöpfter Brühe garen.

8. Gemüse und Kartoffeln zum Fleisch geben. Ca. 1 l Brühe dazugießen. Dazu: Kräutersauce und Senffrüchte.

Zubereitungszeit: ca. 3 1/2 Stunden
Pro Portion (bei 8 Portionen) etwa 60 g E, 32 g F, 38 g KH = 790 kcal (3301 kJ)

Zwiebelsuppe mit Cabanossi

Für 4 Portionen:
1 kg Zwiebeln
30 g Butter oder Margarine
1 l Rindfleischbrühe (Suppenpaste)
200 g Crème fraîche
100 ml Weißwein
350 g Kartoffeln
1 Cabanossi oder andere Knoblauchwurst (300 g)
Salz, Pfeffer (a. d. Mühle)
1 Bund frischer Majoran

1. Zwiebeln pellen, in Scheiben schneiden. In Butter oder Margarine glasig dünsten.

2. Mit der Brühe auffüllen. Crème fraîche und Wein unterrühren. Zugedeckt 40 Minuten garen.

3. Kartoffeln schälen, waschen, grob raffeln. Nach 20 Minuten Kochzeit in die Suppe geben.

4. Cabanossi oder Knoblauchwurst in Scheiben schneiden. Zufügen und während der letzten 10 Minuten in der Suppe heiß werden lassen. Zwiebelsuppe kräftig mit Salz, Pfeffer und gehacktem Majoran würzen.

Dazu: Baguette und Knoblauchbutter.

Zubereitungszeit: ca. 1 Stunde
Pro Portion etwa 21 g E, 58 g F, 36 g KH = 776 kcal (3248 kJ)

Kanincheneintopf mit Backpflaumen

Für 4 Portionen:
1 Kaninchen (etwa 1,4 kg)
Salz, 150 g Zwiebeln
4 Knoblauchzehen
200 g Möhren, 350 g Porree
4 El Olivenöl
1/8 l spanischer Brandy
1/8-1/4 l Brühe (Instant)
150 g Trockenpflaumen
250 g spanische Knoblauchwurst (ersatzweise türkische)
40 g Weißbrot (ohne Rinde)
1 Bund glatte Petersilie
40 g Mandeln, 40 g Butter

1. Kaninchen, wenn nötig, häuten, in 8-10 Teile zerlegen (macht auf Wunsch der Händler). Innereien herausnehmen und putzen, in Stücke schneiden und kühl stellen. Kaninchen salzen.

2. Zwiebeln nicht zu fein würfeln. 2 Knoblauchzehen hacken. Möhren und Porree putzen, waschen und in Scheiben schneiden. Das Gemüse in 2 El mäßig heißem Öl in einem Schmortopf anbraten.

3. Kaninchenteile zwischen das Gemüse legen und etwas bräunen, dann wenden und mit Brandy (bis auf 2 El) ablöschen. 1/8 l Brühe zugießen. Zugedeckt bei milder bis mittlerer Hitze insgesamt 1 1/4 Stunden garen. Kaninchenteile ab und zu wenden, evtl. etwas Brühe zugießen.

4. Etwa 30 Minuten vor Ende der Garzeit die Pflaumen unterrühren. Knoblauchwurst in Scheiben schneiden. Weißbrot in der Moulinette zerkleinern oder sehr fein würfeln. Petersilie waschen, trockenschütteln und fein hacken. Mandeln mahlen.

5. Restliches Öl mit der Butter in einer Pfanne aufschäumen lassen. Weißbrot und Mandeln darin hellbraun anrösten. Restlichen Knoblauch durchpressen und unterrühren. Mischung beiseite stellen.

6. Etwa 5 Minuten vor Ende der Garzeit die Innereien und die Knoblauchwurst in den Eintopf geben und mitgaren. Restlichen Brandy unterrühren. Das Gericht im Topf servieren. Die Weißbrotmischung und die Petersilie dazureichen.

Zubereitungszeit: ca. 2 Stunden
Pro Portion etwa 76 g E, 74 g F, 35 g KH = 1237 kcal (5175 kJ)

Gemüseeintopf aus dem Ofen

Für 6 Portionen:
200 g Bulghur (Hartweizengrütze, aus türkischen Läden)
750 g kleine Kartoffeln
500 g Auberginen
Salz, 8 Knoblauchzehen
350 g kleine hellgrüne Paprikaschoten (aus türkischen Läden, ersatzweise andere)
600 g Fleischtomaten
Cayennepfeffer, 6 El Öl
50 g Tomatenmark
3/4-1 l Gemüsebrühe (Instant)

1. Bulghur in 3/8 l heißem Wasser so lange ausquellen lassen, bis die anderen Zutaten vorbereitet sind. Die Kartoffeln schälen, waschen. Auberginen putzen, waschen, in 1/2 cm dicke Scheiben schneiden. Von beiden Seiten salzen und in ein Sieb geben. 30 Minuten abtropfen lassen, dann mit 4 gepellten und durchgepreßten Knoblauchzehen würzen.

2. Inzwischen die Paprikaschoten längs halbieren (größere längs vierteln), dann putzen und waschen. Tomaten in 1 cm dicke Scheiben schneiden. Kräftig mit Salz und Cayenne würzen.

3. In einer großen Pfanne 2 El Öl erhitzen. Bulghur zugeben und unter Rühren anschmoren. Restlichen Knoblauch pellen, durchpressen und zugeben. Tomatenmark unterrühren. Alles kräftig mit Salz und Cayenne würzen. 3/4 l Brühe zugießen und aufkochen. Dann in eine ofenfeste Form (2 1/2 l Inhalt) füllen.

4. Das vorbereitete Gemüse so aufrecht wie möglich in die Grütze stecken. Die Kartoffeln salzen. Auberginen mit dem restlichen Öl beträufeln. Die Form locker mit Alufolie abdecken. Bei 200 Grad (Umluft 200 Grad, 1 Stunde 25 Minuten, Gas 3) auf 2. Einschubleiste von unten insgesamt 1 1/4 Stunden garen.

5. Nach 55 Minuten die Folie abnehmen. Den Eintopf mit etwas Brühe begießen, damit die Kartoffeln garen. Offen fertig garen. Die Kartoffeln leicht mit Cayenne bestäuben und den Eintopf servieren.

Zubereitungszeit: ca. 2 Stunden
Pro Portion etwa 9 g E, 12 g F, 44 g KH = 320 kcal (1338 kJ)

Lammeintopf mit Herbsttrompeten

Für 6 Portionen:
20 g Herbsttrompeten oder getrocknete Mischpilze
etwa 800 g Lammkeule
1 Bund Suppengrün
40 g Butterschmalz
1/2 l Lammfond oder Hühnerbrühe (Paste)
Salz, Pfeffer (a. d. Mühle)
1 El Thymian (getrocknet)
1-2 Knoblauchzehen
500 g Wirsing
3 Scheiben Toastbrot
50 g Butter oder Margarine

1. Die Pilze in einem Sieb gründlich abbrausen, in 1/2 l lauwarmem Wasser einweichen. Fleisch von Fett und Sehnen befreien und in Würfel schneiden. Suppengrün putzen, waschen und kleinschneiden.

2. Butterschmalz in einem Topf sehr heiß werden lassen. Fleisch darin portionsweise braun anbraten. Suppengrün zugeben, leicht andünsten. Die Pilze mit dem gefilterten Einweichwasser und Fond oder Brühe hinzufügen. Mit Salz, Pfeffer, Thymian würzen, Knoblauch pellen, dazupressen. Zugedeckt 1 1/2 Stunden garen.

3. Den Wirsing halbieren, Strunk herausschneiden. Wirsing in Streifen schneiden, waschen und nach 1 Stunde Garzeit in den Eintopf geben.

4. Toastbrotrinde abschneiden, Brot würfeln. In Butter oder Margarine goldbraun rösten. Den Eintopf evtl. mit Salz und Pfeffer nachwürzen. Vor dem Servieren die Brotwürfel daraufstreuen.

Zubereitungszeit: ca. 2 Stunden
Pro Portion etwa 37 g E, 46 g F, 12 g KH = 658 kcal (2756 kJ)

Kohlrabieintopf mit Grießklößchen

Für 4 Portionen:
1 Bund Suppengrün
1 kg Ochsenbein
2 Lorbeerblätter
1 El Pfefferkörner
1-2 Tl Fleischextrakt
1 kg Kohlrabi m. Grün
300 g Erbsen (TK)
1 Bund Kerbel
Grießklößchen:
1/8 l Milch, 30 g Butter
Salz, 60 g Grieß
1 Ei, Pfeffer (a. d. Mühle)
Muskatnuß (frisch gerieben)

1. Suppengrün putzen, waschen, grob zerschneiden. Mit Fleisch, Lorbeer, Pfeffer und Fleischextrakt in 2 1/2 l Wasser zum Kochen bringen. Sorgfältig abschäumen und bei mittlerer Hitze 3-4 Stunden offen kochen lassen.

2. Für die Grießklößchen Milch mit Butter und Salz zum Kochen bringen. Grieß einstreuen und so lange rühren, bis sich die Masse als Kloß vom Topfboden löst. Topf von der Herdplatte nehmen. Die Masse leicht auskühlen lassen, dann das Ei unterrühren. Kräftig mit Salz, Pfeffer und Muskatnuß würzen, auskühlen lassen.

3. Den Kohlrabi putzen (das zarte Grün beiseite legen), schälen, waschen und würfeln. Die Brühe durch ein Sieb gießen. Kohlrabi in der Brühe 15 Minuten garen.

4. In der Zwischenzeit von der Grießmasse mit zwei Teelöffeln Klößchen abstechen und 10-15 Minuten in kochendem Salzwasser gar ziehen lassen.

5. Fett und Sehnen vom Fleisch abschneiden. Das Fleisch würfeln, mit Klößchen und Erbsen in die Brühe geben, heiß werden lassen. Kohlrabigrün und Kerbel grob hacken. Über den Eintopf streuen. Sofort servieren.

Zubereitungszeit: ca. 4 1/2 Stunden
Pro Portion etwa 50 g E, 42 g F, 33 g KH = 776 kcal (2948 kJ)

Großmutters Nudelsuppe

Für 4-6 Portionen:
1 kg Roastbeefknochen
2 Bund Suppengrün
4 Lorbeerblätter
1 El weiße Pfefferkörner
2 El Rindersuppenpaste
2 Zwiebeln
1 kg Hochrippe
1/2 kleiner Blumenkohl
175 g kleine Nudeln
300 g Erbsen (TK)
1 Bund glatte Petersilie
1 Bund Majoran
1 Bund Kerbel

1. Roastbeefknochen mit 1 Bund geputztemund grob zerkleinertem Suppengrün, Lorbeerblättern, Pfeffer, Suppenpaste in 3 l Wasser zum Kochen bringen. Bei milder Hitze offen 2 Stunden kochen lassen, dabei abschäumen.

2. Zwiebeln ungepellt halbieren. Mit der Schnittfläche auf heißer Herdplatte bräunen. In die Brühe geben.

3. Hochrippe zugeben und weitere 1 1/2-2 Stunden kochen, bis das Fleisch gar ist.

4. In der Zwischenzeit das zweite Bund Suppengrün und Blumenkohl putzen, waschen. Suppengrün in Würfel, Kohl in Röschen schneiden.

5. Etwas Fett von der Brühe abschöpfen, Gemüse darin kurz andünsten. Fleisch aus der Brühe nehmen, würfeln. Brühe durch ein Sieb gießen, zum Gemüse geben. Nudeln, Erbsen und Fleisch dazugeben. 15 Minuten garen. Petersilie grob hacken. Majoran und Kerbel von den Stielen zupfen. Kräuter vor dem Servieren in die Suppe geben.

Zubereitungszeit: ca. 4 1/2 Stunden
Pro Portion (bei 4 Portionen) etwa 46 g E, 45 g F, 50 g KH = 846 kcal (3539 kJ)

Lammeintopf mit Wirsing

Für 4 Portionen:
1 kg Lammschulter (vom Schlachter zerteilt)
Salz, Pfeffer (a. d. Mühle)
4 El Öl
2 Knoblauchzehen
1/4 l Lammfond oder Brühe (Suppenpaste)
1 Kopf Wirsing (etwa 1 kg)
500 g Möhren
1 Bund glatte Petersilie
2 Beete Kresse
100 g Crème fraîche

1. Fleischstücke mit Salz und Pfeffer einreiben. Öl in einem schweren Bräter erhitzen. Fleisch von allen Seiten darin goldbraun anbraten. Knoblauch pellen, in Scheiben schneiden, zugeben. Sobald sie gelblich werden, mit Fond oder Brühe ablöschen. Zugedeckt 35-40 Minuten schmoren. Fleisch mehrmals wenden.

2. Wirsing putzen, waschen, achteln. In breiten Streifen vom Strunk schneiden. Möhren putzen, waschen, quer halbieren. Gemüse zum Fleisch geben, leicht salzen. Zugedeckt weitere 30 Minuten garen, dabei ab und zu wenden.

3. Petersilienblätter von den Stielen zupfen, Kresse abschneiden. Beides am Ende der Garzeit unter den Eintopf mischen und noch 5 Minuten ziehen lassen. Noch einmal abschmecken und mit Crème fraîche servieren.

Zubereitungszeit: ca. 1 1/2 Stunden
Pro Portion etwa 41 g E, 74 g F, 20 g KH = 968 kcal (4053 kJ)

Gemüseeintopf mit Käseklößchen

Für 4-6 Portionen:
Brühe:
1 kg Kalbsbrust
1 kg Kalbsknochen
150 g Sellerie
2 Petersilienwurzeln
1 Limette (unbehandelt)
750 g Palerbsen (brutto)
200 g Zuckerschoten
250 g Blumenkohl
250 g junge Möhren
250 g Kohlrabi (mit Blattgrün)
1 Bund Frühlingszwiebeln
1 El Rindersuppenpaste
Salz
Käseklößchen:
100 g mittelalter Gouda
50 g Butter oder Margarine
Salz, 80 g Mehl
3 Eier (Gew.-Kl. 2)
Pfeffer (a. d. Mühle)
Muskat (frisch gerieben)

1. Kalbsbrust und Kalbsknochen in 3 l kochendes Wasser geben. 1-2 Minuten aufkochen. Fleisch und Knochen in einen Durchschlag gießen und heiß abspülen. Dann Fleisch und Knochen in 3 1/2 l Wasser aufkochen. Bei schwacher Hitze leise kochen.

2. Sellerie und Petersilienwurzeln putzen, waschen, grob zerkleinern. Limette heiß waschen, halbieren, mit dem Gemüse in die Brühe geben. Offen 1 3/4-2 Stunden garen. Evtl. abschäumen.

3. Erbsen palen. Zuckerschoten putzen, halbieren. Blumenkohl in Röschen schneiden. Gemüse getrennt waschen. Möhren schälen, waschen, in Stäbchen schneiden. Kohlrabi schälen, vierteln, in dünne Scheiben schneiden (zarte Blättchen beiseite legen). Frühlingszwiebeln putzen, dunkles Grün entfernen. Helle Teile waschen, in Ringe schneiden.

4. Für die Käseklößchen Gouda grob raffeln. 1/8 l Wasser mit Butter (Margarine) und Salz zum Kochen bringen. Mehl mit einem Holzlöffel einrühren. Solange rühren, bis sich ein einheitlicher Klumpen bildet, der sich vom Topfboden löst. Den Topf von der Kochstelle nehmen. Käse unter die heiße Masse rühren.

5. Die Eier nach und nach wie bei einem Brandteig einrühren. Mit Pfeffer und Muskat abschmecken. Im Kühlschrank kalt werden lassen.

6. Fleisch und Knochen aus der Brühe nehmen. Brühe entfetten, durch ein Sieb gießen. Wieder aufkochen, mit Rindersuppenpaste und evtl. Salz abschmecken.

7. Zuerst Erbsen, Blumenkohl, Möhren und Kohlrabi 10 Minuten darin ziehen lassen. Dann Zuckerschoten und Frühlingszwiebeln hineingeben und das Gemüse noch 8-10 Minuten garen.

8. Für die Käseklößchen Salzwasser aufkochen. Von dem Teig mit 2 Teelöffeln 18-20 Klößchen abstechen. 5-8 Minuten im Salzwasser ziehen lassen. Mit einer Schaumkelle herausnehmen. In die heiße Suppe geben.

9. Das gekochte Fleisch in kleine Stücke schneiden. In die Suppe geben und heiß werden lassen. Suppe in einer vorgewärmten Terrine servieren und mit den Kohlrabiblättchen bestreuen.

Zubereitungszeit: ca. 3 Stunden
Pro Portion (bei 6 Portionen) etwa 33 g E, 22 g F, 27 g KH = 468 kcal (1959 kJ)

Sardische Hirtensuppe

Für 12 Portionen:
1,2 kg Lammnacken
1,2 kg Ochsenbein
1 Suppenhuhn (2 kg)
350 g Zwiebeln
300 g Staudensellerie
200 g Möhren
1 Bund Basilikum
Salz
200 g Schafskäse
1/4 l Milch
1 kg Tomaten
6 El Olivenöl (kaltgepreßt)
50 g Tomatenmark
Zucker
Cayennepfeffer
gemahlener Zimt
1 Bund glatte Petersilie
400 g sardisches Fladenbrot (ersatzweise türkisches)

1. Fleisch und Huhn mit 6 l kaltem Wasser aufkochen, sorgfältig abschäumen.

2. Zwiebeln pellen, vierteln. Sellerie und Möhren putzen, waschen und grob zerschneiden. Das vorbereitete Gemüse mit dem Basilikum zum Fleisch geben. Die Brühe salzen.

3. Ohne Deckel bei milder Hitze 3 Stunden garen. Danach noch einmal mit Salz abschmecken.

4. Während das Fleisch gart, Käse in Milch einlegen. Tomaten enthäuten, grob zerschneiden und im Öl aufkochen. Tomatenmark unterrühren. Tomaten bei milder Hitze in 30 Minuten dicklich kochen. Mit Salz, Zucker, Cayenne und Zimt herzhaft würzen. Petersilie grob hacken. Schafskäse abtropfen lassen, fein zerkrümeln.

5. Brot in einen ofenfesten Topf einschichten. Dabei lagenweise mit Tomatenpaste bestreichen, mit Käse und Petersilie bestreuen.

6. Fleisch aus der Brühe nehmen (anderweitig verwenden oder nach der Suppe essen). Etwa 4 l Brühe durch ein Sieb gießen. Dann kellenweise in den Topf geben, bis das Brot bedeckt ist.

7. Den Topf auf die unterste Einschubleiste im vorgeheizten Backofen setzen. Bei 200 Grad (Umluft 175-200 Grad, Gas 3) etwa 1 Stunde garen, bis sich eine schöne Kruste gebildet hat.

Zubereitungszeit: ca. 4 Stunden
Pro Portion etwa 7 g E, 11 g F, 21 g KH = 208 kcal (872 kJ)

Hühnersuppe mit Curry und Kokosmark

Für 4-6 Portionen:
30 g frische Ingwerwurzel
100 g Zwiebeln
3 Lorbeerblätter
3 Tl Salz
1 küchenfertige Poularde (1,5-1,7 kg)
2 Limetten (unbehandelt)
250 g Äpfel
250 g ungesüßtes Kokosmark
1 El scharfes Currypulver
2 El mildes Currypulver
1 El brauner Zucker
1 Bund Kerbel

1. In einem Topf 2 1/4 l Wasser mit zerschnittenem Ingwer, gepellten, halbierten Zwiebeln, Lorbeerblättern und Salz zum Kochen bringen. Poularde hineingeben und bei schwacher Hitze 45 Minuten kochen lassen, zwischendurch einmal wenden. Aus der Brühe nehmen und etwas abkühlen lassen. Brühe durch ein Sieb gießen.

2. Eine Limette dünn abreiben, auspressen. Äpfel schälen, vierteln, entkernen. Viertel längs halbieren, quer in dünne Scheiben schneiden.

3. Kokosmark in einem Topf bei milder Hitze schmelzen. Currypulver, Apfelstücke und Zucker zugeben. Kurz anschwitzen. Brühe zugießen und zum Kochen bringen. Limettensaft und -schale zufügen. Die Suppe von der Kochstelle nehmen.

4. Poulardenfleisch von Haut und Knochen trennen, Fleisch grob würfeln. In die Suppe geben und kurz erhitzen. Evtl. nachsalzen. Zweite Limette in dünne Scheiben schneiden. Kerbel waschen, trockenschütteln, zerzupfen.

5. Hühnersuppe in eine Terrine füllen. Limettenscheiben hineingeben, Kerbelblättchen darüberstreuen. Dazu paßt Reis.

Zubereitungszeit: ca. 1 1/4 Stunden
Pro Portion (bei 6 Portionen) etwa 69 g E, 40 g F, 12 g KH = 651 kcal (2686 kJ)

Rindfleischeintopf mit Steckrüben und Äpfeln

Für 4-6 Portionen:
1,5 kg Ochsenbrust
750 g Zwiebeln
750 g Steckrüben
750 g Kartoffeln
1 kg Äpfel (z. B. Boskop)
50 g Zucker
Salz
1 El frische Majoranblätter (oder 1/2 El getrocknete)
Pfeffer (a. d. Mühle)
2 El Senfkörner
1 Tl Kümmel

1. Fleisch von den Knochen schneiden. Fett soweit wie möglich abschneiden. 60 g Fett fein würfeln (den Rest für ein anderes Gericht verwenden). Fleisch in große Würfel schneiden.

2. Zwiebeln pellen und in dicke Spalten schneiden. Steckrüben schälen, waschen und in nicht zu feine Würfel schneiden. Kartoffeln schälen, waschen, würfeln, mit Wasser bedeckt zur Seite stellen. Äpfel schälen, vierteln, Kerngehäuse entfernen. Äpfel grob zerschneiden.

3. Rinderfett in einem großen Topf bei milder Hitze hellbraun anbraten. Zucker unterrühren und schmelzen lassen. Zuerst Zwiebel- und Steckrübenwürfel darin andünsten. Mit Salz, Majoran und Pfeffer würzen. Fleischwürfel auf das Gemüse legen, salzen, pfeffern, die Knochen daraufgeben. Senfkörner im Mörser leicht zerdrücken und auf das Fleisch streuen. Kartoffeln daraufschichten, mit Salz und Kümmel würzen. Dann die Äpfel darauflegen.

4. Zugedeckt bei milder Hitze 1 3/4 - 2 Stunden garen. Nach 30 Minuten Garzeit gut 1/8 l Wasser zugießen. Nach Ende der Garzeit den Knochen herausnehmen. Den Eintopf etwas vermengen und abschmecken. Heiß servieren.

Zubereitungszeit: ca. 3 Stunden
Pro Portion (bei 6 Portionen) etwa 32 g E, 35 g F, 70 g KH = 747 kcal (3124 kJ)

Chinakohleintopf mit Lammfleisch

Für 4-6 Portionen:
1 kg schieres Lammfleisch (Keule)
100 g Zwiebeln
400 g rote Paprikaschoten
1 Knoblauchzehe
250 g mittelgroße rosa Champignons
50 g Butterschmalz, Salz
schwarzer Pfeffer (a. d. Mühle)
3 El Sojasauce
1 Tl Koriander (frisch gem.)
750 g Chinakohl
2 El Kartoffelpüree-Pulver

1. Fett und Sehnen vom Fleisch abschneiden. Das Fleisch in gulaschgroße Würfel schneiden. Zwiebeln pellen und nicht zu fein würfeln. Paprika putzen, waschen und grob würfeln. Knoblauch pellen. Pilze, falls nötig, waschen, putzen, halbieren.

2. Fett in einem Schmortopf erhitzen. Fleisch darin unter Wenden portionsweise anbraten, bis es gut gebräunt und die Flüssigkeit verdampft ist. Fleisch herausnehmen.

3. Zwiebeln, Paprika, Pilze im Bratfett unter Wenden kräftig anbraten. Fleisch dazugeben. Mit Salz, Pfeffer, Sojasauce und Koriander würzen. Knoblauch dazupressen. Eintopf zugedeckt bei milder Hitze 30 Minuten garen.

4. Chinakohl putzen, waschen, in mittelfeine Streifen schneiden. Zum Eintopf geben und alles zugedeckt weitere 20 Minuten schmoren, dabei gelegentlich umrühren.

5. Den Eintopf mit Püree-Pulver binden, evtl. nachwürzen. Dazu schmeckt Reis.

Zubereitungszeit: ca. 2 1/4 Stunden
Pro Portion (bei 6 Portionen) etwa 34 g E, 40 g F, 8 g KH = 528 kcal (2210 kJ)

Provenzalischer Eintopf

Für 6-8 Portionen:
1 kg Paprikaschoten (rot und grün)
500 g Auberginen
2-3 kleine scharfe Pfefferschoten
200 g Zwiebeln
2 Knoblauchzehen
1 Zweig Rosmarin
1 Bund Thymian
500 g Lammfleisch (aus der Keule, ohne Knochen)
500 g Rindfleisch (mager, aus der Keule)
500 g Schweinenacken (ohne Knochen), 3 El Öl, Salz
500 g Zucchini
270 g geschälte Tomaten (a. d. Dose)

1. Paprikaschoten putzen, waschen und in grobe Würfel schneiden. Auberginen putzen, waschen, längs halbieren, in Scheiben schneiden. Pfefferschoten vom Stielansatz befreien, aufschlitzen und entkernen. In dünne Ringe schneiden. Zwiebeln und Knoblauch pellen, Zwiebeln grob würfeln, Knoblauch durchpressen. Rosmarin und Thymian fein hacken.

2. Das Fleisch in gulaschgroße Würfel schneiden. Öl in einem Schmortopf erhitzen, das Fleisch portionsweise kräftig darin anbraten, herausnehmen.

3. Paprika- und Pfefferschoten, Zwiebeln, Knoblauch und Auberginen unter Wenden in dem heißen Fett gut anbraten. Fleisch zugeben. Rosmarin und Thymian unterrühren, salzen.

4. Den Eintopf im geschlossenen Topf im vorgeheizten Ofen bei 200 Grad (Gas 3) auf der 2. Einschubleiste von unten 1 Stunde garen (Umluft: gleiche Einstellung und Garzeit).

5. Die Zucchini putzen, waschen, in Scheiben schneiden, mit den Tomaten in den Eintopf geben. Zugedeckt bei 225 Grad (Umluft 225 Grad, Gas 4) weitere 30 Minuten garen. Den Deckel abnehmen, und den Eintopf in 15 Minuten fertig garen. Im Topf servieren. Dazu: Reis oder Stangenweißbrot.

Zubereitungszeit: ca. 3 Stunden
Pro Portion (bei 8 Portionen) etwa 30 g E, 38 g F, 12 g KH = 546 kcal (2285 kJ)

Gebundene Ochsenschwanzsuppe

Für 8 Portionen:
2 kg Ochsenschwanz (in Stücke zerteilt)
250 g Suppengrün
125 g Zwiebeln
125 g Champignons
150 g mild ger. Schinken
150 g Butter
200 g geschälte Tomaten (a. d. Dose)
1 1/2 l Rindfleischbrühe oder -fond
2 Lorbeerblätter
1/2 Bund Petersilie
2 Zweige Thymian
1 Tl Pfefferkörner
Salz, 100 g Mehl
1/4 l Rotwein, 1/8 l Portwein

1. Ochsenschwanz in der Saftpfanne im vorgeheizten Backofen bei 250 Grad (Umluft 225-250 Grad, Gas 4-5) auf mittlerer Einschubleiste 45 Minuten bräunen.

2. Suppengrün putzen, waschen und grob zerteilen. Zwiebeln pellen, Pilze putzen, beides in Scheiben schneiden. Schinken würfeln. 50 g Butter zerlassen, Suppengrün, Zwiebeln, Pilze und Schinken darin kräftig anbraten. Tomaten ohne Flüssigkeit zugeben, zerdrücken, mitdünsten.

3. Ochsenschwanz mit etwas Brühe (Fond) ablöschen, in einen großen Topf umfüllen. Das Gemüse dazugeben. Mit restlicher Brühe (Fond) und 1/2 l Wasser auffüllen. Kräuter und Gewürze hinzufügen und alles 2 Stunden bei milder Hitze leise kochen lassen.

4. Ochsenschwanz aus der Bouillon nehmen, abkühlen lassen, Fleisch von den Knochen lösen. Fett und Sehnen dabei entfernen, das Fleisch würfeln. Bouillon durch ein feines Sieb gießen, abkühlen lassen und entfetten.

5. Restliche Butter zerlassen. Mehl unterrühren und gut bräunen. Bouillon hinzugießen. Mit dem Schneebesen gut verschlagen. Rotwein und Portwein ebenfalls unterrühren und die Suppe noch 20 Minuten leise kochen lassen. Fleisch in den letzten 10 Minuten hinzufügen und miterhitzen. Suppe abschmecken und servieren.

Zubereitungszeit: ca. 3 3/4 Stunden
Pro Portion etwa 20 g E, 27 g F, 14 g KH = 391 kcal (1635 kJ)

Kalbsbrust mit Rübchen und Spinat

Für 6-8 Portionen:
1,5 kg mild gepökelte Kalbsbrust (vorbestellen)
750 g Möhren
750 g weiße Rübchen (Navets, ersatzw. Rettich)
375 g Zwiebeln
1 kg große Kartoffeln (fest kochend), 250 g Spinat
1 Bund glatte Petersilie
Salz, Zucker
weißer Pfeffer (a. d. Mühle)
1-2 Tl englisches Senfpulver
1/8 l Schlagsahne
100 g Crème fraîche
3 El frisch ger. Meerrettich

1. Kalbsbrust mit 1 1/2 l kaltem Wasser bei mittlerer Hitze im offenen Topf zum Kochen bringen. Abschäumen und 1 Stunde zugedeckt bei milder Hitze kochen lassen. Fleisch nach 1/2 Stunde wenden.

2. Möhren schälen, waschen, schräg in dicke Scheiben schneiden. Rübchen (Rettich) schälen und in Spalten oder Scheiben schneiden. Zwiebeln pellen, längs halbieren und in Streifen schneiden. Kartoffeln schälen, waschen, mit Wasser bedeckt zur Seite stellen. Spinat verlesen, grobe Stengel entfernen. Spinat gründlich waschen. Petersilie von den Stielen zupfen.

3. Nach 1 Stunde Garzeit Möhren, Rübchen und Zwiebeln zum Fleisch geben und bei milder Hitze 30 Minuten kochen (das Gemüse soll nicht zerfallen).

4. Fleisch herausnehmen, etwas abkühlen lassen. Kartoffeln grob raffeln, mit Spinat und Petersilie in den Topf geben und vorsichtig unterrühren. Mit Salz und Zucker abschmecken, mit Pfeffer und Senfpulver kräftig würzen. Das Fleisch von den Knochen schneiden und würfeln, dabei Fett und Sehnen entfernen. Fleisch wieder in den Eintopf geben und 1/2 Stunde bei milder Hitze ziehen lassen.

5. Sahne halbsteif schlagen. Mit Crème fraîche und Meerrettich verrühren und getrennt zum Eintopf reichen.

Zubereitungszeit: ca. 2 1/4 Stunden
Pro Portion (bei 8 Portionen) etwa 25 g E, 17 g F, 36 g KH = 418 kcal (1747 kJ)

Unterwaldner Stunggis

Für 6 Portionen:
250 g Gemüsezwiebel
250 g Porree, 250 g Möhren
1 kg Wirsing
750 g Kartoffeln
400 g grüne Bohnen
1 Knoblauchzehe
1 kleines Bund Majoran
1 kleines Bund Thymian
80 g Butterschmalz
800 g schierer Schweinenacken (vom Schlachter in große Würfel geschnitten)
Salz
schwarzer Pfeffer (a. d. Mühle)
Muskatnuß (frisch gerieben)
3/8 l kräftige Rindfleischbrühe (Suppenpaste)

1. Zwiebel pellen, würfeln. Porree, Möhren, Wirsing putzen, waschen, in Scheiben bzw. Streifen schneiden. Kartoffeln schälen, waschen, halbieren bzw. vierteln. Mit Wasser bedecken. Bohnen waschen, putzen, in Stücke brechen. Knoblauch pellen und durchpressen. Majoran, Thymian hacken.

2. Butterschmalz im Schmortopf stark erhitzen. Fleisch darin portionsweise kräftig anbraten. Zwiebeln zugeben, 5 Minuten mitdünsten. Mit Salz, Pfeffer, gehackten Kräutern, Knoblauch und Muskat würzen. Gemüse zum Fleisch geben. Brühe zugießen.

3. Topf zugedeckt auf die unterste Einschubleiste in den Ofen setzen. Eintopf bei 200 Grad (Umluft 175 Grad, etwa 40 Min., Gas 3) 1 Stunde garen. Abgetropfte Kartoffeln zugeben. Eintopf weitere 35-40 Min. (gleiche Einstellung) garen. Abschmecken.

Zubereitungszeit: ca. 2 3/4 Stunden
Pro Portion etwa 37 g E, 21 g F, 36 g KH = 513 kcal (2147 kJ)

Linseneintopf mit Aprikosen

Für 4 Portionen:
375 g Linsen
Salz, 1 Bund Suppengrün
125 g durchwachsener Speck in dünnen Scheiben
20 g Butter oder Margarine
1 El Streuwürze
375 g Aprikosen
60 g brauner Zucker
4 El Rotwein
4 El Rotweinessig
375 g Kasseler
20 g Schweineschmalz
evtl. Zucker

1. Linsen mit 1 1/4 l kaltem Salzwasser aufsetzen und etwa 30 Minuten sanft kochen.

2. Suppengrün putzen, waschen, fein würfeln. Speck in kleine Würfel schneiden. In Butter (Margarine) ausbraten. Suppengrün zugeben, gut andünsten. Mit Streuwürze würzen, beiseite stellen.

3. Aprikosen waschen, halbieren, vierteln, dabei entsteinen. Zucker schmelzen lassen. Aprikosen darin wenden. Mit Rotwein und Essig ablöschen und 5 Minuten sanft kochen lassen.

4. Aprikosen und Suppengrün zu den Linsen geben. Bei milder Hitze 30 Minuten ziehen lassen.

5. Kasseler würfeln, kurz im Schmalz anbraten, zu den Linsen geben. Den Eintopf evtl. mit Zucker süß-sauer abschmecken.

Zubereitungszeit: ca. 1 Stunde
Pro Portion etwa 66 g E, 57 g F, 129 g KH = 1085 kcal (4537 kJ)

Hähncheneintopf mit Morcheln

Für 4 Portionen:
20 g getrocknete Spitzmorcheln
1 Hähnchen (etwa 1,2 kg)
Salz
weißer Pfeffer (a. d. Mühle)
750 g Wirsing
500 g Schwarzwurzeln
2 El Essig
40 g Butter
200 g Crème fraîche
1/8 l Schlagsahne

1. Morcheln (möglichst am Vortag) abbrausen und in 3/8 l Wasser einweichen.

2. Hähnchen in 8 Teile schneiden und rundum mit Salz und Pfeffer einreiben. Wirsing putzen, in feinen Streifen vom Strunk abschneiden, abbrausen und abtropfen lassen. Schwarzwurzeln abbürsten, gut waschen, schälen, in Stücke schneiden und sofort in etwa 1 l Wasser mit dem zugefügten Essig legen.

3. Butter in einem flachen Topf hellbraun werden lassen. Hähnchenstücke darin von allen Seiten goldbraun anbraten. Herausnehmen.

4. Wirsing im Bratfett anschmoren. Schwarzwurzeln zugeben. Mit dem gefilterten Morchelwasser ablöschen. Mit Salz und Pfeffer würzen. Hähnchenstücke zwischen das Gemüse legen. Mit Crème fraîche begießen.

5. Im offenen Topf 35 Minuten garen. Dabei die Sauce cremig einkochen lassen. Dann die Morcheln zugeben und weitere 5 Minuten garen. Zum Schluß Sahne leicht anschlagen, unter den Eintopf ziehen. Mit Salz und Pfeffer kräftig abschmecken.

Zubereitungszeit: ca. 1 1/4 Stunden
Pro Portion etwa 71 g E, 54 g F, 29 g KH = 937 kcal (3920 kJ)

Lammeintopf mit Artischocken und Erbsen

Für 4 Portionen:
1 kg Lammschulter
Salz, 4 El Öl
2 l Brühe (a. d. Glas)
2 große Artischocken
2 Zitronen (unbehandelt)
4 Zwiebeln
4 Knoblauchzehen
2 Tl Koriander (grob gemahlen)
100 g Hirse
600 g Erbsen (TK)
2 Bund glatte Petersilie
2 Peperoni (rot oder orange)

1. Fett von der Lammschulter entfernen. Fleisch von den Knochen lösen und grob würfeln. Rundum mit Salz würzen. In 2 El heißem Öl in einem Schmortopf anbraten. Mit gut 1 1/2 l Brühe ablöschen und bei milder Hitze zugedeckt 2 Stunden garen.

2. Stiele von den Artischocken brechen, äußere Blätter und die harten Spitzen der übrigen Blätter abschneiden. 1 Zitrone auspressen. Artischocken achteln, Schnitt- und Bruchstellen mit Zitronensaft beträufeln. Heu herausschneiden. Artischocken zum Fleisch geben, Zitronensaft zugießen.

3. Zwiebeln in Längsspalten schneiden. Im restlichen Öl 5 Min. dünsten. 2 Knoblauchzehen durchpressen. Koriander unterrühren. Bei starker Hitze anbraten. Mit restlicher Brühe ablöschen. Alles zum Fleisch geben.

4. Hirse heiß abspülen, abtropfen lassen. In einem trockenen Topf unter Rühren erhitzen. 150 ml Wasser zugießen, aufkochen. Herdplatte ausschalten (Gas 1). Hirse 15 Minuten ausquellen.

5. Erbsen 10 Min. vor Garende unter den Eintopf mischen. Die Schale der zweiten Zitrone abreiben. Petersilie hacken. Restlichen Knoblauch hacken. Peperoni putzen, waschen, quer in feine Streifen schneiden.

6. Zitronenschale, Petersilie, Knoblauch, Peperoni mischen. Zitrone auspressen, zum Eintopf geben. Hirse untermischen. Eintopf mit Petersilienmischung bestreuen.

Zubereitungszeit: ca. 2 1/2 Stunden
Pro Portion etwa 55 g E, 49 g F, 53 g KH = 910 kcal (3804 kJ)

Weißkohlsuppe mit Ochsenschwanz

Für 6 Portionen:
3 El Öl
1 kg Ochsenschwanz (in Stücke zerteilt)
50 g Tomatenmark
1/4 l trockener Rotwein
8 Zimtstangen
1 El Wacholderbeeren
4 Lorbeerblätter
Salz
1 kg Weißkohl
1 Bund Suppengrün
Pfeffer (a. d. Mühle)
1 Bund glatte Petersilie

1. Öl in einer Pfanne sehr heiß werden lassen. Den Ochsenschwanz darin rundherum kräftig dunkelbraun anbraten (evtl. portionsweise). In einen großen Suppentopf geben. Tomatenmark in der Bratpfanne kurz anschwitzen, sofort mit Rotwein ablöschen. Röststoffe aus der Pfanne lösen, zum Fleisch geben.

2. Fleisch mit gut 2 l Wasser bedeckt langsam im offenen Topf zum Kochen bringen. Sorgfältig abschäumen. Zimt, Wacholder und Lorbeer zugeben. Leicht salzen. Im offenen Topf bei milder Hitze insgesamt 2 1/2 Stunden leise kochen lassen.

3. Weißkohl putzen, waschen, achteln und in feine Streifen schneiden. Kohl nach 1 Stunde Kochzeit zum Ochsenschwanz geben. Flüssigkeit wieder aufkochen.

4. Suppengrün putzen, waschen. Möhren und Porree in Scheiben schneiden. Sellerie würfeln. Gemüse in den letzten 30 Minuten der Garzeit mitkochen.

5. Zimt, Wacholder und Lorbeer mit einer Schaumkelle herausschöpfen. Suppe mit Salz und Pfeffer abschmecken. Das Fleisch entweder von den Knochen lösen und wieder zurück in die Suppe geben oder im Ganzen servieren. Petersilie grob hacken und kurz vor dem Servieren in die Suppe geben.

Zubereitungszeit: ca. 3 Stunden
Pro Portion etwa 16 g E, 13 g F, 10 g KH = 259 kcal (1085 kJ)

Linsen-Tomaten-Suppe mit Fleischklößchen

Für 8-10 Portionen:
250 g durchwachsener Speck
500 g Linsen
2 Markknochen
etwa 200 g Schinkenknochen
1 kleiner Zweig Rosmarin
2 Lorbeerblätter
1 3/4 l Gemüsefond oder -brühe (Instant)
200 g Möhren
200 g Knollensellerie
1 Petersilienwurzel
300 g Porree
1 Dose geschälte Tomaten (800 g EW)
1 Bund glatte Petersilie
Fleischklößchen:
50 Zwiebeln, 1 El Öl
1 1/2 Scheiben Toastbrot
250 g gemischtes Hack
1 Ei, Salz
1 Tl Sambal oelek

1. Speck würfeln, in einem großen Topf ausbraten, herausnehmen, beiseite stellen.

2. Linsen im Fett andünsten. Die Knochen, Rosmarin, Lorbeer und Fond (Brühe) zugeben. Langsam zum Kochen bringen, gut abschäumen.

3. Markknochen nach 5 Minuten herausnehmen, Mark herausdrücken, Knochen zurückgeben. Alles bei milder Hitze offen 1 1/2 Stunden leise kochen lassen.

4. Möhren, Sellerie, Petersilienwurzel und Porree putzen, waschen, in feine Würfel schneiden. Mark hacken, auslassen, Gemüse darin zugedeckt 7 Minuten dünsten, beiseite stellen.

5. Für die Klößchen Zwiebeln pellen, fein würfeln. Im heißen Öl 5 Minuten dünsten. Toast in Wasser einweichen, ausdrücken. Mit Zwiebeln, Hack, Ei, Salz und Sambal gut verkneten. Daraus 3 cm große Klößchen formen.

6. Klößchen 10 Minuten vor Ende der Garzeit zur Suppe geben, gar ziehen lassen.

7. Knochen aus der Brühe nehmen. Tomaten grob zerteilen, mit dem Saft aus der Dose und dem gedünsteten Gemüse in die Suppe geben. Erhitzen, mit Salz abschmecken.

8. Petersilie grob hacken. Kurz vor dem Servieren in die Suppe geben. Speckwürfel darüberstreuen.

Zubereitungszeit: ca. 2 Stunden
Pro Portion (bei 10 Portionen) etwa 23 g E, 28 g F, 32 g KH = 494 kcal (2066 kJ)

Cassoulet

Für 6-8 Portionen:
500 g getr. weiße Bohnen
2 Gänsekeulen (à 450 g)
Salz, Pfeffer (a. d. Mühle)
750 g Lammkeule (ohne Knochen)
30 g Butterschmalz
3/8 l Hühnerbrühe (Suppenpaste)
250 g Möhren
250 g Tomaten
1 Cabanossi (etwa 375 g)
3 El Tomatenmark
2-3 Knoblauchzehen
100 g Semmelbrösel

1. Bohnen mit 3 l Wasser zum Kochen bringen. Bei mittlerer Hitze zugedeckt 1 1/2 bis 2 Stunden kochen lassen. Den Backofen auf 200 Grad (Umluft 180 Grad, Gas 3) vorheizen.

2. Gänsekeulen mit Salz und Pfeffer würzen. Die Haut gleichmäßig mit einer Nadel einstechen. Die Keulen in einen Bräter ohne Fett legen. Auf der mittleren Einschubleiste 1 1/2 Stunde (Umluft 1 3/4 Stunde) braten. Dabei häufig mit dem ausgetretenen Bratfett beschöpfen.

3. Von der Lammkeule Fett und Sehnen abschneiden. Das Fleisch in Würfel schneiden und im heißen Butterschmalz rundum braun anbraten. Mit Salz und Pfeffer würzen. Die Brühe zugießen und zugedeckt 30 Minuten garen.

4. Möhren schälen, in Scheiben schneiden. Tomaten enthäuten und in Sechstel schneiden, Cabanossi in Scheiben schneiden. Möhren, Tomaten, Cabanossi und Tomatenmark zum Lammfleisch geben. Knoblauch pellen, durchpressen und zugeben. Zugedeckt weitere 15 Minuten garen.

5. Bohnen salzen, abtropfen lassen und zum Lammfleisch geben. Mit Salz und Pfeffer würzen. Die Gänsekeulen aus dem Bratfett nehmen und mit dem Eintopf in eine feuerfeste Form schichten. Semmelbrösel mit dem Gänsefett verrühren und gleichmäßig auf dem Cassoulet verteilen. Im Ofen bei 250 Grad (Umluft 225 Grad, 20-25 Min., Gas 5-6) in 15 Min. goldbraun überbacken.

Zubereitungszeit: ca. 3 Stunden
Pro Portion (bei 6 Portionen) etwa 57 g E, 100 g F, 63 g KH = 1510 kcal (6319 kJ)

Stifado

Für 4-6 Portionen:
1,5 kg Hochrippe
4 El Öl
1 kg kleine Zwiebeln
Salz, 6 Lorbeerblätter
1/2 El Wacholderbeeren
2 Gewürznelken
1/2 El Pfefferkörner
6 Zimtstangen
375 g Möhren
125 g griechische oder italienische Suppennudeln
1 Bund glatte Petersilie
1/2 Bund Bohnenkraut
1/2 Bund Thymian

1. Hochrippe in sehr heißem Öl von beiden Seiten scharf anbraten. Mit gut 2 l Wasser auffüllen und zum Kochen bringen. Sorgfältig abschäumen, die Hitze herunterschalten.

2. 2 ungepellte Zwiebeln halbieren und die Schnittflächen auf einer heißen Herdplatte dunkelbraun anrösten. Zum Fleisch geben. Alles mit Salz würzen. Lorbeer, leicht zerdrückte Wacholderbeeren, Nelken, Pfeffer und Zimt zugeben. Offen bei milder Hitze insgesamt 2 1/2 Stunden garen. Fleisch ab und zu wenden. Gelegentlich abschäumen und Fett abschöpfen.

3. Nach 1 Stunde die ungepellten Zwiebeln herausnehmen. Restliche Zwiebeln pellen und unzerteilt in die Brühe geben. Möhren putzen, waschen, in Stücke schneiden. 30 Minuten vor Ende der Garzeit zugeben.

4. Nudeln in Salzwasser knapp gar kochen und abgießen. Kräuter von den Stielen zupfen. Gewürze so weit wie möglich mit der Schaumkelle von der Oberfläche schöpfen.

5. Fleisch aus der Brühe nehmen, von den Knochen lösen, Fett entfernen, das Fleisch würfeln. Mit Nudeln und Kräutern in die Brühe geben und 5 Minuten erhitzen. Evtl. nachwürzen. In einer Terrine servieren.

Tip: Der Eintopf schmeckt noch besser, wenn man die Brühe am Vortag bereitet und das Fleisch über Nacht darin durchziehen läßt.

Zubereitungszeit: ca. 2 1/2 Stunden
Pro Portion (bei 6 Portionen) etwa 45 g E, 44 g F, 26 g KH = 717 kcal (3001 kJ)

Zucchini-Lamm-Eintopf

Für 4 Portionen:
2 Bund Suppengrün
750 g Lammknochen
2 El Öl, 3 Lorbeerblätter
1 El Pfefferkörner
2 Tomaten, 500 g Zucchini
1 Bund glatte Petersilie
150 g Vollmilch-Joghurt
abger. Schale von 1 Zitrone (unbehandelt)
Lammfleischklößchen:
2 Scheiben Toastbrot
250 g Lammhack, 1 Eigelb
Salz, Pfeffer (a. d. Mühle)
1 El Senf, 1 Bund Thymian
2 Knoblauchzehen

1. Die Hälfte des Suppengrüns putzen, waschen und grob zerschneiden. Mit den Knochen im heißen Öl in einem großen Topf bräunen. Lorbeer, Pfeffer und die geviertelten Tomaten zugeben. Mit 1 1/2 l Wasser auffüllen und im offenen Topf bei milder Hitze 2 Stunden kochen lassen. Abschäumen.

2. Für die Klößchen Toastbrot entrinden, kurz in kaltem Wasser einweichen. Gut ausdrücken, mit Hack und Eigelb verkneten. Kräftig mit Salz, Pfeffer, Senf, gehacktem Thymian und durchgepreßtem Knoblauch würzen. Etwa 24 Klößchen formen.

3. Restliches Suppengrün und Zucchini putzen, waschen und in Würfel schneiden. Brühe durch ein Sieb gießen. Suppengrün, Zucchini und Klößchen bei schwacher Hitze darin 15 Minuten garen. Suppe evtl. nachwürzen.

4. Petersilie waschen, fein hacken und darüberstreuen. Joghurt mit Zitronenschale verrühren und dazureichen.

Zubereitungszeit: ca. 2 3/4 Stunden
Pro Portion etwa 17 g E, 26 g F, 22 g KH = 438 kcal (1835 kJ)

Minestrone mit Reis

Für 8 Portionen:
200 g getrocknete weiße Bohnen, 1 Zwiebel
1 Peperoni, 1 Lorbeerblatt
100 g Staudensellerie
150 g Kartoffeln
100 g Möhren
200 g Zucchini
1 kleine rote Paprikaschote
250 g Schneidebohnen
1 kleine Stange Porree
1 kleiner Kopf Wirsing
150 g durchwachsener Speck
5 El Olivenöl
150 g Erbsen (TK)
Salz, 75 g Reis
1 Bund glatte Petersilie
2 Knoblauchzehen
schwarzer Pfeffer (a. d. Mühle)
100 g Parmesan (frisch ger.)

1. Bohnen am Vortag in 2 1/2 l kaltem Wasser einweichen. Am nächsten Tag mit der gepellten und geviertelten Zwiebel, der Peperoni und dem Lorbeerblatt zum Kochen bringen. Abschäumen und bei milder Hitze im geschlossenen Topf 1 1/2 Stunden kochen.

2. Staudensellerie putzen, waschen, in Scheiben schneiden. Kartoffeln schälen, waschen, würfeln. Möhren, Zucchini und Paprika putzen, waschen, ebenfalls in Würfel schneiden. Bohnen putzen, waschen, schräg in Stücke schneiden. Porree putzen, waschen, in Ringe schneiden (nur weiße und hellgrüne Blattanteile verwenden). Die äußeren Blätter vom Wirsing abschneiden. Kohl achteln, in Streifen vom Strunk schneiden. Dicke Blattrippe entfernen.

3. Speck fein würfeln. In 2 El Öl ausbraten. Gemüse bis auf Wirsing und weiße Bohnen zugeben und andünsten. Dann die Bohnen mit der Brühe zugeben. Salzen und alles 10 Minuten kochen lassen. Wirsing und Reis zufügen. Weitere 20 Minuten im geschlossenen Topf garen.

4. Petersilie waschen, trockenschütteln und hacken. Knoblauch pellen und in die Suppe pressen. Kräftig mit Pfeffer würzen, dann Petersilie und restliches Öl unterrühren. Mit Parmesan bestreut servieren.

Zubereitungszeit: ca. 2 Stunden
Pro Portion etwa 17 g E, 23 g F, 30 g KH = 406 kcal (1701 kJ)

VEGE-
TARISCHE
SUPPEN

Grünkern-Backobst-Suppe mit Blätterteig-Haube

Für 4-6 Portionen:
75 g Grünkern
2 Scheiben Blätterteig (200 g, TK)
1-2 Schalotten, 1 El Öl
2 junge Möhren
800 ml Gemüsebrühe (Instant)
50 g getrocknete Aprikosen
50 g Backpflaumen
1 El Honig
1 El Weißweinessig
100 g frischer Apfel, Salz
weißer Pfeffer (a. d. Mühle)
1/2 Eigelb, 1 El Milch
1 El Sesamsamen
1 El Pinienkerne

1. Grünkern am Vortag in kaltem Wasser einweichen. Auf ein Sieb geben, abspülen. Blätterteig in ca. 20 Minuten auftauen lassen. Backofen auf 250 Grad, (Umluft 230 Grad, Gas 5-6) vorheizen.

2. Schalotten pellen, in Streifen schneiden. Öl erhitzen, Schalotten darin andünsten. Möhren putzen, waschen, in Streifen schneiden, kurz mitdünsten.

3. Brühe zugießen und den Grünkern hineingeben oder halbieren. Alles 10 Minuten bei milder Hitze kochen.

4. Aprikosen und Pflaumen in Streifen schneiden oder halbieren. In der Suppe erhitzen. Honig und Essig unterrühren. Apfel waschen, entkernen, in Streifen schneiden. In die Suppe geben. Mit Salz und Pfeffer abschmecken. In vier bis sechs ofenfeste Suppentassen füllen.

5. Blätterteigscheiben halbieren und etwas rund ziehen. Eigelb mit Milch verschlagen. Ränder der Suppentassen mit etwas Eigelb bestreichen. Blätterteig daraufgeben. Vorsichtig über die Ränder ziehen und ringsum andrücken.

6. Oberfläche mit etwas Eigelb bestreichen. Mit Sesam und Pinienkernen bestreuen. Auf der unteren Schiene in den heißen Ofen schieben. In 6-8 Minuten goldbraun überbacken. Sofort servieren.

Zubereitungszeit: ca. 55 Minuten.
Pro Portion (bei 4 Portionen) etwa 8 g E, 19 g F, 53 g KH = 421 kcal (1771 kJ)

Gemüse-Tofu-Suppe

Für 2 Portionen:
100 g Tofu
2 El Shoyu
250 g Suppengrün
1 Knoblauchzehe
30 g Mungokeime
1/2 l Gemüsebrühe (Reformhaus)
1/2 Bund glatte Petersilie
1 El Paprikamark

1. Tofu in Scheiben schneiden und in Shoyu marinieren. Suppengrün putzen, waschen und in dünne Streifen schneiden. Knoblauch pellen und fein hacken.

2. Mungokeime abspülen und abtropfen lassen. Brühe erhitzen. Gemüsestreifen, Knoblauch und Mungokeime darin 5 Minuten kochen.

3. Petersilie waschen und hacken. Tofustreifen mit Shoyu in die Suppe geben und 2 Minuten ziehen lassen. Suppe mit Paprikamark abschmecken und mit Petersilie bestreut servieren. Dazu: Vollkornbrötchen.

Tip: Shoyu ist Sojasauce, die nach traditionellem Rezept ohne künstliche Zusätze aus Sojabohnen und Weizen hergestellt wird. Sie verstärkt den Eigengeschmack der Zutaten und verringert dadurch den Salzkonsum. Shoyu gibt es in Asien- und Öko-Läden.

Zubereitungszeit: ca. 45 Minuten
Pro Portion etwa 14 g E, 5 g F, 9 g KH = 146 kcal (610 kJ)

Soupe au Pistou

Für 4-6 Portionen:
500 g grüne Bohnen
200 g Möhren
200 g Kartoffeln
200 g Frühlingszwiebeln
300 g Tomaten
200 g kleine Zucchini
3 El Olivenöl
Salz, Pfeffer (a. d. Mühle)
75 g Fadennudeln
100 g weiße Bohnen (a. d. Dose)
Pistou:
1-2 Bund Basilikum
2 Knoblauchzehen
5-6 El Olivenöl
80 g Gruyère (frisch ger.)

1. Bohnen putzen, waschen, einmal durchbrechen. Möhren putzen, waschen, vierteln, dann in Stücke schneiden. Kartoffeln schälen, waschen, würfeln. Zwiebeln putzen, in Ringe schneiden. Tomaten enthäuten und grob zerschneiden. Zucchini putzen, waschen und in Scheiben schneiden.

2. Das Öl erhitzen und das Gemüse darin andünsten. Mit Salz und Pfeffer würzen 1 1/2 l Wasser zugießen. Zugedeckt bei milder Hitze etwa 45 Minuten kochen lassen.

3. Die Nudeln 7 Minuten vor Ende der Garzeit zufügen und mitkochen. Zum Schluß die abgetropften weißen Bohnen miterhitzen, abschmecken.

4. Für den Pistou das Basilikum fein hacken. In einen Mörser geben. Gepellten Knoblauch dazupressen, beides zermusen. Nach und nach Öl und Käse unterarbeiten. Suppe und Pistou getrennt servieren. Pistou nach Geschmack auf den Teller geben, Suppe darübergeben.

Zubereitungszeit: ca. 1 1/2 Stunden
Pro Portion (bei 4 Portionen) etwa 18 g E, 35 g F, 57 g KH = 663 kcal (2772 kJ)

Wirsingsuppe mit Currysahne

Für 6 Portionen:
250 g Kartoffeln
750 g Wirsing
60 g Butter
1 El mildes Currypulver
1 Tl scharfes Currypulver
1 l Gemüsebrühe
oder -fond (a. d. Glas)
1/8 l Schlagsahne
Salz

1. Kartoffeln schälen, waschen, würfeln. Wirsing putzen, waschen, in 6 Stücke schneiden, den Strunk entfernen. Etwa 1/3 des Wirsing beiseite stellen. Den Rest grob hacken.

2. Etwa 40 g Butter zerlassen. Kartoffeln und gehackten Wirsing darin andünsten. Mit Curry bestäuben, bei milder Hitze anschwitzen.

3. Mit Brühe (Fond) auffüllen, zum Kochen bringen. Zugedeckt bei milder Hitze 25 Minuten kochen.

4. Die Suppe mit dem Schneidstab des Handrührers pürieren und die Sahne unterrühren, erhitzen. Mit Salz abschmecken.

5. Restlichen Wirsing in feine Streifen schneiden. In der restlichen Butter andünsten. 2-3 El Wasser zufügen. Leicht salzen, zugedeckt 5 Minuten dünsten. Kurz vor dem Servieren in die Suppe geben. Dazu: Vollkornbrötchen.

Zubereitungszeit: ca. 1 Stunde
Pro Portion etwa 6 g E, 18 g F, 20 g KH = 292 kcal (1224 kJ)

Gemüsesuppe mit Morcheln und Grünkern

Für 4 Portionen:
100 g Grünkern, Salz
10 g getr. Spitzmorcheln
50 g Petersilienwurzel
75 g Sellerieknolle
100 g Kartoffeln
50 g Zwiebeln
1 große Knoblauchzehe
50 g Butter
1 l Gemüsebrühe oder -fond
150 g Bundmöhren
2 große Artischocken
Pfeffer (a. d. Mühle)

1. Grünkern in einer Pfanne ohne Fett goldgelb rösten. Mit 300 ml Wasser ablöschen, salzen und bei milder Hitze etwa 1 Stunde ausquellen lassen.

2. Morcheln gründlich abbrausen und in 1/4 l lauwarmem Wasser einweichen.

3. Petersilienwurzel, Sellerie und Kartoffeln waschen, schälen und in kleine Würfel schneiden. Zwiebeln und Knoblauch pellen und fein hacken.

4. Butter zerlassen. Das Gemüse darin 10 Minuten dünsten. Brühe oder Fond zugießen.

5. Möhren putzen, waschen, längs halbieren und schräg in Scheiben schneiden. Die Stiele der Artischocken abbrechen, die harten Außenblätter entfernen. Das untere Drittel der Artischocken abschneiden und diese Böden in 12 Segmente schneiden. Das Heu entfernen.

6. Möhren, Artischocken und eingeweichte Morcheln in die Suppe geben und 10 Minuten kochen. Dann den ausgequollenen Grünkern zugeben und die Suppe kräftig mit Pfeffer abschmecken.

Zubereitungszeit: ca. 1 Stunde
Pro Portion etwa 8 g E, 12 g F, 32 g KH = 273 kcal (1136kJ)

Gemüsesuppe mit Grünkern und Bohnenkraut

Für 4-6 Portionen:
100 g Grünkern
2 El Butter
1 1/4 l Gemüsebrühe (Reformhaus)
1 kg frische Dicke Bohnen
250 g Möhren
150 g Schalotten
1 Knoblauchzehe, 1 El Öl
schwarzer Pfeffer (a. d. Mühle), Salz
1 Bund Bohnenkraut

1. Grünkern in 1 El Butter andünsten. 1/4 l Brühe zugießen und alles zugedeckt bei mittlerer Hitze 10-15 Minuten ausquellen lassen.

2. Bohnen aus den Schalen lösen. Möhren putzen, waschen, in dünne Scheiben schneiden. Schalotten und Knoblauch pellen. Schalotten halbieren.

3. Restliche Butter und das Öl in einem Topf erhitzen. Knoblauch dazupressen. Möhren und Schalotten dazugeben und unter Wenden andünsten. Bohnen und den erkalteten Grünkern zufügen. Mit der restlichen Brühe auffüllen. Mit Salz und Pfeffer würzen und zugedeckt 15 Minuten leise kochen lassen.

4. Bohnenkraut waschen, trockenschütteln. Blättchen abzupfen und kurz vor dem Servieren in die Suppe geben.

Zubereitungszeit: ca. 40 Minuten
Pro Portion (bei 6 Portionen) etwa 17 g E, 8 g F, 37 g KH = 300 kcal (1261 kJ)

Gelbe Erbsencreme-suppe

Für 4 Portionen:
70 g Möhren
70 g Sellerie
50 g Zwiebeln
200 g geschälte gelbe Erbsen
1 l Gemüsebrühe
50 g Frühlingszwiebeln
100 g Maronen (oder Shiitake-Pilze)
1 Knoblauchzehe
1 El Butter
Salz
Pfeffer (a. d. Mühle)

1. Möhren und Sellerie putzen und waschen. Zwiebeln pellen. Alles sehr fein würfeln. Erbsen waschen. Mit dem Gemüse in die Brühe geben und 45 Minuten kochen lassen.

2. Frühlingszwiebeln und Pilze putzen, evtl. waschen, beides fein würfeln. Knoblauch pellen und in die erhitzte Butter pressen. Pilze darin hellbraun anrösten. Auf Küchenpapier abtropfen lassen.

3. Etwa 2/3 der Suppe mit dem Schneidstab des Handrührers pürieren. Mit der übrigen Suppe wieder erhitzen. Mit Salz und Pfeffer würzen. Frühlingszwiebeln 1 Minute darin ziehen lassen. Die Suppe in Tassen füllen und mit der Pilz-Knoblauch-Mischung bestreut servieren.

Zubereitungszeit: ca. 1 Stunde
Pro Portion etwa 14 g E, 7 g F, 32 g KH = 251 kcal (1052 kJ)

Kichererbsen-Creme-suppe

Für 6 Portionen:
200 g Kichererbsen
1 l Gemüsebrühe (aus 1 El Paste, a. d. Reformhaus)
3 Knoblauchzehen
1 El Öl
1 Bund glatte Petersilie
1/8 l Schlagsahne
Salz
Pfeffer (a. d. Mühle)
Cayennepfeffer

1. Kichererbsen über Nacht in 1/2 l Wasser einweichen. Dann in der Einweichflüssigkeit und der Gemüsebrühe 3-4 Stunden bei milder Hitze kochen lassen.

2. Knoblauch pellen, durch die Presse in das nicht zu heiße Öl drücken, dann unter Rühren glasig dünsten.

3. Kichererbsen aus der Brühe heben, einige für die Einlage beiseite legen. Den Rest zum Knoblauch geben, etwas Flüssigkeit dazugeben und mit dem Schneidstab des Handrührers glatt pürieren.

4. Die ganzen Kichererbsen dazugeben. Mit der restlichen Flüssigkeit auffüllen. Bei milder Hitze 10 Minuten kochen lassen.

5. Petersilie waschen, trockenschütteln, hacken. Die Sahne unter die Suppe rühren. Mit Salz, Pfeffer und Cayenne abschmecken und mit Petersilie bestreut servieren.

Zubereitungszeit: ca. 4 Stunden
Pro Portion etwa 8 g E, 10 g F, 18 g KH = 197 kcal (826 kJ)

Paprikacremesuppe mit pochiertem Ei

Für 4 Portionen:
3 Scheiben Vollkorntoast
1 Knoblauchzehe
20 g Butter
4 gelbe Paprikaschoten
20 g Krebsbutter
20 g Mehl
1/2 l Gemüsefond (a. d. Glas)
1/8 l trockener Weißwein
3/8 l Schlagsahne
1/2 Tl Rosenpaprika, Salz
1 El Zitronensaft
6 El Weißweinessig
4 Eier (eiskalt, ganz frisch)

1. Brot entrinden und würfeln. Knoblauch pellen, durchpressen. Butter schmelzen, Brotwürfel und Knoblauch darin goldbraun rösten.

2. Paprika halbieren, putzen, waschen. 1 Schote sehr fein würfeln. Die übrigen mit der Rundung nach oben auf ein Backblech legen und flachdrücken. Auf der 2. Einschubleiste von oben 15-20 Minuten grillen, bis die Haut schwarz ist und Blasen wirft. Schoten mit einem feuchten Tuch bedeckt abkühlen lassen. Haut abziehen, das Paprikafleisch pürieren.

3. Krebsbutter und Mehl verkneten, kalt stellen.

4. Paprikapüree, Fond, Wein und Sahne verrühren und 10 Minuten bei mittlerer Hitze kochen. Paprikawürfel zugeben. Mit Paprikapulver, Salz und Zitronensaft würzen und weitere 10 Minuten kochen. Mit der Krebsbutter binden, 5 Minuten kochen lassen.

5. Eier pochieren: 2 l Wasser in einer tiefen Pfanne mit dem Essig zum Kochen bringen, Hitze so weit herunterschalten, daß das Wasser eben siedet. Eier nacheinander von einem Teller am Pfannenrand ins Wasser gleiten lassen. Mit 2 Eßlöffeln das Eiweiß über das Eigelb ziehen. Eier wenden, wenn das Eiweiß zu stocken beginnt (nach etwa 3 Minuten). Eier weitere 3 Minuten pochieren. Mit einer Schaumkelle herausnehmen. Kurz in kaltes Salzwasser tauchen. Abstehendes Eiweiß abschneiden.

6. Suppe mit den pochierten Eiern anrichten und mit den Toastwürfeln bestreuen.

Zubereitungszeit: ca. 1 1/4 Stunden
Pro Portion etwa 12 g E, 45 g F, 22 g KH = 580 kcal (2426 kJ)

Champignon-Curry-Suppe

Für 2 Portionen:
200 g Kokosflocken
75 g Zwiebeln
1 El Distelöl
2 El Curry (mittelscharf)
1/4 l Gemüsefond (a. d. Glas)
100 g Champignons
125 g Frühlingszwiebeln
200 g Tofu
1 Tl Miso

1. Kokosflocken in 1/2 l Wasser aufkochen und mit dem Schneidstab des Handrührers pürieren. Portionsweise in einem Tuch ausdrücken. Kokosmilch dabei auffangen.

2. Zwiebeln pellen, würfeln und im Öl glasig dünsten. Curry über die Zwiebeln stäuben und weitere 2 Minuten dünsten. Mit Kokosmilch und Fond ablöschen. Bei schwacher Hitze kochen.

3. Pilze putzen, kurz abbrausen und in Scheiben schneiden. Frühlingszwiebeln putzen, waschen, in Ringe schneiden. Pilze und Zwiebeln (bis auf einige Ringe) in die Suppe geben.

4. Tofu in Würfel schneiden. Ebenfalls in die Suppe geben. Miso unterrühren. Die Suppe weitere 5 Minuten kochen. Mit den restlichen Frühlingszwiebelringen garniert auf Tellern servieren.

Tip: Miso ist eine milchsauer vergorene Würzpaste aus Sojabohnen, Salz und es kann - je nach Sorte - Getreide enthalten. Hatcho-Miso würzt kräftig, Mugi-Miso ist mild, Kome-Miso leicht im Geschmack. Die Würzpaste ist erhältlich in Asien- und Öko-Läden.

Zubereitungszeit: ca. 50 Minuten
Pro Portion etwa 16 g E, 16 g F, 14 g KH = 265 kcal (1099 kJ)

Ratatouille-Topf

Für 4-6 Portionen:
2 Knoblauchzehen
250 g Gemüsezwiebeln
2 El Pflanzenöl
1 kg Paprikaschoten (rot und gelb)
250 g Aubergine
250 g Zucchini
480 g Tomaten (a. d. Dose, EW)
400 ml Gemüsefond oder -brühe (a. d. Glas)
2 El Tomatenmark
Salz, Zucker
Paprika (edelsüß)
Kräuter der Provence
1 El Hefeflocken (Reformh.)
2-3 El Zitronensaft
1 Bund glatte Petersilie oder Basilikum

1. Knoblauch und Zwiebeln pellen, in feine Würfel schneiden und im heißen Öl andünsten.

2. Paprika, Aubergine, Zucchini putzen, waschen. Paprika und Aubergine in mundgerechte Stücke, Zucchini in Scheiben schneiden. Zu den Zwiebeln geben und 5 Minuten mitdünsten.

3. Tomaten mit Saft dazugeben, zerdrücken. Fond oder Brühe und Tomatenmark unterrühren. Aufkochen. Mit Salz, Zucker, Paprika und Kräutern der Provence kräftig würzen.

4. Bei mäßiger Hitze in 10-12 Minuten gar dünsten. Hefeflocken und Zitronensaft unterrühren. Abschmecken und mit gehackten Kräutern bestreut servieren. Dazu schmeckt Fladenbrot.

Tip: Rote Bohnen (a. d. Dose) dazugeben.

Zubereitungszeit: ca. 45 Minuten
Pro Portion (bei 4 Portionen) etwa 7 g E, 7 g F, 20 g KH = 169 kcal (704 kJ)

Kastaniensuppe

Für 6 Portionen:
1 Bund Suppengrün
1 Zwiebel
1 Knoblauchzehe
2 El Butter
Salz
Pfeffer (a. d. Mühle)
2 Lorbeerblätter
500 g Maronen
75 ml Weißwein
3 Scheiben Vollkorntoast

1. Suppengrün putzen, waschen, in Stücke schneiden. Zwiebel und Knoblauch pellen, hacken. Alles in 1 El Butter andünsten.

2. Dann 1 l Wasser zugeben, zum Kochen bringen und mit Salz und Pfeffer würzen. Lorbeer zufügen.

3. Maronen über Kreuz anritzen, portionsweise in kochendem Wasser 5 Minuten blanchieren, abschrecken, pellen, zur Suppe geben und in 45 Minuten gar kochen lassen.

4. Suppe mit dem Schneidstab des Handrührers pürieren, Wein zufügen, mit Salz und Pfeffer abschmecken. Vom Brot die Rinde abschneiden, würfeln, in der restlichen Butter anrösten und kurz vor dem Servieren über die Suppe streuen.

Zubereitungszeit: ca. 1 1/4 Stunden
Pro Portion etwa 4 g E, 9 g F, 36 g KH = 243 kcal (1016 kJ)

Möhrencremesuppe mit Roquefort-Croûtons

Für 2 Portionen:
500 g Möhren
20 g Butter
3/4 l Gemüsebrühe
20 g Kürbiskerne
Salz
Pfeffer (a. d. Mühle)
1 El Cognac
2 Scheiben Baguette
50 g Roquefort

1. Möhren putzen, waschen. Etwa 50 g in hauchdünne Scheiben schneiden und beiseite stellen. Den Rest grob würfeln und in 10 g Butter 2-3 Minuten andünsten. Brühe zugießen, Möhren etwa 10 Minuten zugedeckt garen.

2. Kürbiskerne grob hacken und in einer Pfanne ohne Fett rösten.

3. Suppe mit dem Schneidstab des Handrührers pürieren. Möhrenscheiben in restlicher Butter 2-3 Minuten dünsten. Die Suppe mit Salz, Pfeffer und Cognac würzen.

4. Baguette im Toaster goldgelb rösten. Mit Roquefort bestreichen. Je nach Größe halbieren oder vierteln.

5. Die Suppe in vorgewärmte Teller geben. Roquefort-Croûtons und Möhrenscheiben hineingeben. Kürbiskerne darüberstreuen.

Zubereitungszeit: ca. 35 Minuten
Pro Portion etwa 14 g E, 22 g F, 22 g KH = 366 kcal (1533 kJ)

SCHNELLE SUPPEN

Nudelsuppe mit Huhn und Gemüse

Für 4 Portionen:
200 g Hühnerbrustfilet
75 ml Geflügelbrühe oder
2 El Butter
weißer Pfeffer (a. d. Mühle)
Salz
1 Kohlrabi (200 g)
1 Fenchelknolle (150 g)
1 Staudensellerieherz (100 g)
800 ml Hühnerbrühe (Instant oder a. d. Glas)
50 g kleine Suppennudeln (Buchstaben)
50 g Mini-Tomaten
1-2 El Zitronensaft
evtl. 4 Eigelb

1. Filet in die leicht kochende Geflügelbrühe oder zerlassene Butter geben. Mit Pfeffer und Salz würzen. In etwa 8 Minuten sanft garen. Warm stellen.

2. Kohlrabi, Fenchel und Sellerie putzen, waschen. Gemüsegrün hacken, beiseite legen. Kohlrabi in Stifte, Fenchel und Sellerie in feine Scheiben schneiden.

3. Brühe zum Kochen bringen. Suppennudeln hineingeben und etwa 3-4 Minuten kochen. Dann das Gemüse zugeben. Alles in weiteren 5-6 Minuten garen.

4. Tomaten waschen, halbieren. Hühnerfleisch in Streifen schneiden. Beides in die Suppe geben. Kurz erhitzen. Mit Zitronensaft, Salz, Pfeffer abschmecken. Suppe in Tassen füllen, mit dem Gemüsegrün bestreuen. Nach Wunsch je ein Eigelb hineinsetzen und sofort servieren.

Zubereitungszeit: ca. 30 Minuten
Pro Portion etwa 19 g E, 8 g F, 14 g KH = 217 kcal (906 kJ)

Grüne Suppe mit Fleischklößchen

Für 4 Portionen:
Salz, 75 g Zwiebeln
75 g grüne Bandnudeln
200 g Tatar, 1 Eiweiß
3 El feine Haferflocken
Salz, Pfeffer (a. d. Mühle)
Paprika (edelsüß)
Muskat (frisch gerieben)
60 g Butter
300 g grüne Bohnen
(TK - angetaut)
300 g Blattspinat
(TK - angetaut)
1 Knoblauchzehe
2 Tl Fleischextrakt
Currypulver
100 g Crème fraîche
100 ml Schlagsahne
2 Eigelb
1 Bund glatte Petersilie

1. 1 l Salzwasser zum Kochen bringen. Zwiebeln pellen, würfeln. Nudeln in mundgerechte Stücke brechen und im Salzwasser 5-6 Minuten kochen.

2. Tatar mit Eiweiß und Haferflocken gut verkneten. Mit Salz, Pfeffer, Paprika und Muskat pikant würzen, daraus 12 kleine Klöße formen.

3. Zwiebeln in der Butter andünsten. Bohnen und den grob zerteilten Spinat zufügen. Alles gut andünsten, dann Knoblauch darüberpressen.

4. Nudelkochwasser durch ein Sieb in das Gemüse abgießen. Nudeln beiseite stellen. Die Suppe mit Fleischextrakt, Pfeffer und Curry würzen. Klößchen in die Suppe geben und alles 10 Minuten sanft kochen lassen.

5. Crème fraîche und Sahne mit den Eigelb verrühren. In die Suppe geben, heiß werden, aber nicht mehr kochen lassen. Nudeln unterrühren und mit grob gehackter Petersilie bestreut servieren.

Tip: Bohnen und Spinat in der Mikrowelle zusammen 10 Minuten bei 90 Watt antauen.

Zubereitungszeit: ca. 35 Minuten
Pro Portion etwa 20 g E, 44 g F, 27 g KH = 593 kcal (2482 kJ)

Kartoffelcremesuppe mit geräucherter Forelle

Für 2 Portionen:
400 g Kartoffeln
1/2 Bund Suppengrün
1 Zwiebel
1 Beet Kresse
20 g Butter
Salz
Pfeffer (a. d. Mühle)
800 ml Kalbsfond (a. d. Glas)
100 ml Schlagsahne
2 geräucherte Forellenfilets (insgesamt etwa 125 g)

1. Kartoffeln schälen, waschen und würfeln. Suppengrün putzen, waschen und ebenfalls würfeln. Zwiebel pellen, fein hacken. Kresse vom Beet schneiden.

2. Butter erhitzen, Kartoffeln, Gemüse und Zwiebel darin andünsten, mit Salz und Pfeffer würzen. Mit Fond auffüllen. Suppe 5-6 Minuten garen, dann etwa drei Viertel der Kresse zufügen.

3. Alle Zutaten im Topf mit dem Schneidstab des Handrührers fein pürieren. Sahne zugießen, kurz aufkochen, mit Salz und Pfeffer abschmecken.

4. Forellenfilets in kleine Stücke zerteilen. In vorgewärmte Teller geben, mit der Suppe auffüllen, mit der restlichen Kresse bestreut servieren.

Zubereitungszeit: ca. 35 Minuten
Pro Portion etwa 23 g E, 27 g F, 40 g KH = 515 kcal (2154 kJ)

Bohneneintopf mit Kasseler

Für 1 Portion:
1 kleine Zwiebel
1 Knoblauchzehe
1 Tl Olivenöl
2 El Tomatenmark
1 Msp. Thymian (getrocknet)
4 El Weißwein
400 g weiße Bohnen (a. d. Dose, EW)
1/8 l Fleischbrühe
50 g Kasseler-Aufschnitt
1 Bund glatte Petersilie

1. Zwiebel und Knoblauch pellen, fein würfeln und im Olivenöl glasig dünsten.

2. Tomatenmark, Thymian und Weißwein unterrühren. Bohnen in ein Sieb geben, abspülen und mit der Brühe dazugeben. Einmal aufkochen lassen.

3. Kasseler in Streifen schneiden. Petersilie waschen, trockenschütteln und hacken. Beides in den Eintopf geben. Kurz erhitzen und servieren.

Zubereitungszeit: ca. 20 Minuten
Pro Portion etwa 41 g E, 17 g F, 82 g KH = 663 kcal (2776 kJ)

Kartoffelsuppe mit Entenbrust

Für 4-6 Portionen:
150 g Frühlingszwiebeln
60 g Zwiebeln
500 g Kartoffeln
40 g Butter
400 ml Geflügelfond (a. d. Glas)
Salz
Pfeffer (a. d. Mühle)
1 Entenbrustfilet (etwa 300 g)
1/8 l Schlagsahne
1/2 Bund Brunnenkresse

1. Frühlingszwiebeln putzen, waschen und in Ringe schneiden. Zwiebeln pellen und würfeln. Kartoffeln schälen, waschen und würfeln.

2. Butter zerlassen. Zwiebeln und Kartoffeln darin andünsten. Mit dem Fond und 300 ml Wasser ablöschen. Mit Salz und Pfeffer würzen. 15 Minuten leise kochen lassen.

3. Von der Entenbrust das Fett abschneiden. In kleine Würfel schneiden und ausbraten. Fleisch in dünne Scheiben schneiden.

4. Suppe mit dem Schneidstab des Handrührers pürieren. Die ausgebratenen Würfel mit dem Fett, der Sahne und dem Entenfleisch in die Suppe geben und heiß werden lassen.

5. Die Suppe auf Teller verteilen und mit Kresse garniert servieren.

Zubereitungszeit: ca. 35 Minuten
Pro Portion (bei 6 Portionen) etwa 13 g E, 21 g F, 13 g KH = 306 kcal (1280 kJ)

Sauerampfersuppe mit Räucherlachs

Für 4 Portionen:
1 Ei
40 g Butter oder Margarine
20 g Mehl
1/2 l Brühe
2 Töpfe Sauerampfer
3 El Weißwein
200 g Crème fraîche
schwarzer Pfeffer
(a. d. Mühle)
Salz
1 Prise Zucker
Tabasco
2 Eigelb
40 g Räucherlachs

1. Das Ei hartkochen und abschrecken, kalt werden lassen.

2. Butter oder Margarine zerlassen. Mehl zugeben, kurz anschwitzen, dabei ständig rühren. Brühe zugießen und bei milder Hitze ungefähr 10 Minuten kochen lassen. Dabei ab und zu umrühren.

3. Sauerampfer putzen, waschen, von den Stielen zupfen. Einige Blättchen zum Garnieren beiseite legen. Übrige Blättchen in die Suppe geben und mit dem Schneidstab des Handrührers pürieren.

4. Weißwein und Crème fraîche unterrühren. Mit Pfeffer, Salz, Zucker und einigen Tropfen Tabasco würzen. Die Eigelb verquirlen und in die Suppe rühren, nicht mehr kochen lassen.

5. Das gekochte Ei pellen und fein hacken. Lachs in grobe Streifen schneiden. Die Suppe in vorgewärmte Teller geben, mit gehacktem Ei, Lachs und restlichen Sauerampferblättchen garniert servieren.

Zubereitungszeit: ca. 30 Minuten
Pro Portion etwa 8 g E, 34 g F, 7 g KH
= 393 kcal (1644 kJ)

Kräutersuppe mit Eierflädle

Für 4-6 Portionen:
1 Zwiebel
50 g Butter
1 El Mehl
800 ml Kalbsfond
(a. d. Glas)
Salz
Zitronensaft
weißer Pfeffer (a. d. Mühle)
1/8 l Schlagsahne
1 Bund Dill
1 Bund glatte Petersilie
1 Ei (Gew.-Kl. 2)
4-6 Eigelb
100-150 g Grönlandkrabben

1. Zwiebel pellen und sehr fein würfeln. In 40 g Butter glasig dünsten, mit Mehl bestäuben und unter Rühren anschwitzen. Fond zugießen, gut verrühren, zum Kochen bringen und 10 Minuten offen leise kochen lassen.

2. Brühe mit Salz, Zitronensaft und Pfeffer abschmecken. Sahne unterrühren, weitere 5 Minuten leise kochen lassen.

3. Kräuter waschen, einige Dillzweige zum Garnieren beiseite legen. Kräuter hacken. Das Ei mit einer Gabel kräftig aufschlagen und salzen. Restliche Butter in einer kleinen Pfanne zerlassen. Ei darin bei milder Hitze etwa 2 Minuten stocken lassen. Mit 1-2 El Kräutern bestreuen. Sobald die Unterseite fest ist (die Oberseite soll noch feucht sein), auf ein Küchenbrett gleiten lassen und aufrollen. In dünne Scheiben schneiden.

4. Restliche Kräuter in die Suppe geben. Mit dem Schneidstab des Handrührers pürieren. Auf vorgewärmte Teller verteilen. Mit Eigelb, Krabben, Eierflädle und Dill garniert servieren.

Zubereitungszeit: ca. 30 Minuten
Pro Portion (bei 6 Portionen) etwa 10 g E, 21 g F, 4 g KH = 243 kcal (1018 kJ)

Currycremesuppe mit Scampi

Für 4 Portionen:
1 Zwiebel
30 g Butterschmalz
2 El Kokosraspel
2 El mildes Currypulver
1/2 l Hühnerbrühe
1 Banane
1 El Zitronensaft
4 El Crème fraîche
4 rohe Hummerkrabben
1 El Öl

1. Zwiebel pellen und würfeln. Zwiebelwürfel im Butterschmalz glasig werden lassen. Kokosraspel und Curry zugeben, mit Hühnerbrühe ablöschen und 10 Minuten leise kochen lassen.

2. Banane mit Zitronensaft im Mixer oder mit dem Schneidstab des Handrührers pürieren. Mit Crème fraîche in die Suppe geben, warm stellen.

3. Hummerkrabben schälen, anschließend die Därme auslösen. Krabben in Scheiben schneiden und im sehr heißen Öl unter Rühren 1-2 Minuten braten. Suppe auf Teller verteilen, mit Krabben garnieren und sofort servieren.

Zubereitungszeit: ca. 25 Minuten
Pro Portion etwa 10 g E, 19 g F, 7 g KH = 244 kcal (1021 kJ)

Kohlrabi-Kartoffel-Suppe

Für 4 Portionen:
800 g Kohlrabi
500 g große Kartoffeln
1 Bund Frühlingszwiebeln
40 g Butter oder Margarine
20 g Mehl
1 l Rinderbrühe (Paste)
Salz
Pfeffer (a. d. Mühle)
Muskat (frisch gerieben)
2 Gläser Cocktailwürstchen (à 180 g EW)
150 g Crème fraîche
2 Eigelb

1. Kohlrabi schälen und in Würfel schneiden. Kartoffeln schälen, waschen, ebenfalls würfeln. Frühlingszwiebeln putzen, waschen und in Ringe schneiden.

2. Butter oder Margarine zerlassen. Kohlrabi, Kartoffeln und Zwiebeln darin andünsten. Mit Mehl bestäuben und anschwitzen. Die Brühe unter Rühren dazugießen. Zugedeckt 15 Minuten garen.

3. Mit Salz, Pfeffer und Muskat abschmecken. In den letzten 5 Minuten die abgetropften Würstchen in der Suppe heiß werden lassen. Crème fraîche mit Eigelb verrühren und die Suppe damit legieren (nicht mehr kochen).

Zubereitungszeit: ca. 35 Minuten
Pro Portion etwa 23 g E, 51 g F, 36 g KH = 728 kcal (3048 kJ)

Erbsenrahmsuppe

Für 4 Portionen:
2 Scheiben Graubrot (insgesamt 125 g)
60 g Butter
2 Frühlingszwiebeln
200 g Erbsen (TK)
1/2 l Hühnerbrühe
Salz
etwas Zucker
100 ml Schlagsahne
1 Scheibe geräucherter Schinken (100 g)

1. Die Brotrinde abschneiden, Brot fein würfeln. In 20 g Butter goldbraun rösten.

2. Frühlingszwiebeln putzen, waschen, in Ringe schneiden. In 20 g Butter glasig dünsten. Erbsen zugeben, andünsten. Mit Brühe auffüllen und zugedeckt 5 Minuten leise kochen lassen. Mit Salz und Zucker würzen.

3. Die Suppe im Topf mit dem Schneidstab des Handrührers pürieren. Durch ein Sieb streichen. Sahne zugießen, die Suppe noch einmal aufkochen lassen.

4. Restliche Butter mit dem Schneidstab des Handrührers untermixen. Suppe in vorgewärmte Tassen füllen. Mit Brotwürfeln und dem in feine Streifen geschnittenen Schinken servieren.

Zubereitungszeit: ca. 30 Minuten
Pro Portion etwa 11 g E, 30 g F, 22 g KH = 413 kcal (1724 kJ)

Spitzkohlsuppe mit Zwiebel-Schmant

Für 4-6 Portionen:
750 g Spitzkohl
1 Zwiebel, 30 g Butter
800 ml Rinderfond
(a. d. Glas)
Salz, 1 Tl Bohnenkraut
(getrocknet)
Pfeffer (a. d. Mühle)
100 g Frühlingszwiebeln
abgeriebene Schale von
1/2 Zitrone (unbehandelt)
1 Tl Zitronensaft
1 Becher Schmant

1. Spitzkohl putzen, waschen, in Streifen schneiden. Zwiebel pellen, würfeln und in der Butter andünsten. Kohl dazugeben, mitdünsten.

2. Rinderfond und 800 ml Wasser zum Spitzkohl gießen. Mit Salz und Bohnenkraut würzen. Suppe 20-25 Minuten garen.

3. Die Suppe mit dem Schneidstab des Handrührers grob pürieren. Mit Pfeffer und Salz abschmecken.

4. Frühlingszwiebeln putzen, waschen (nur hellgrüne und weiße Teile verwenden), fein würfeln und mit Zitronenschale und -saft unter den Schmant rühren. Zur Suppe reichen.

Zubereitungszeit: ca. 40 Minuten
Pro Portion (bei 6 Portionen) etwa 6 g E, 13 g F, 7 g KH = 175 kcal (733 kJ)

Hummersuppe

Für 4 Portionen:
400 ml Hummer-Rahmsuppe (a. d. Dose, EW)
100 g Crème fraîche
75 g Erbsen (TK)
75 g Grönlandkrabben
Salz
Pfeffer (a. d. Mühle)
2 El Cognac
1/2 Bund Dill

1. Hummersuppe mit Crème fraîche in einen Topf geben und aufkochen.

2. Erbsen zufügen und 5 Minuten erhitzen. Krabben unterrühren und die Suppe mit Salz, Pfeffer und Cognac abschmecken.

3. Dill waschen, trockenschütteln, hacken und kurz vor dem Servieren darüberstreuen.

Zubereitungszeit: ca. 15 Minuten
Pro Portion etwa 5 g E, 18 g F, 13 g KH = 263 kcal (1101 kJ)

Sauer-Scharf-Suppe

Für 4 Portionen:
150 g Schweinefilet
4 El Speisestärke
Salz, Pfeffer (a. d. Mühle)
30 g Shiitakepilze (getr.)
100 g Bambussprossen (a. d. Dose)
1 große Möhre
1 rote Paprikaschote
1 kleine Porreestange
20 g Glasnudeln
3 El Sojasauce
3 El Weißweinessig
1 Tl Chilisauce, 2 El Öl
1 1/2 l Hühnerbrühe
30 g Sojasprossen (a. d. Dose)
100 g Krabbenfleisch
evtl. 2-3 Eier

1. Filet in Streifen schneiden. In 1 El Speisestärke wenden, mit Salz und Pfeffer würzen.

2. Pilze 10 Minuten in kochendem Wasser einweichen. Bambus in dünne Streifen schneiden. Möhre, Paprika, Porree putzen, waschen und in dünne Streifen schneiden. Pilze ausdrücken, in Streifen schneiden. Stiele entfernen.

3. Glasnudeln in Stücke schneiden. Restliche Speisestärke mit 1/8 l Wasser, Sojasauce, Essig und Chilisauce verrühren.

4. Öl erhitzen, Filetstreifen darin kurz anbraten. Mit Brühe auffüllen und zum Kochen bringen. Sojasprossen, das vorbereitete Gemüse, Pilze und Glasnudeln in die Brühe geben und einmal aufkochen lassen. Angerührte Stärke einrühren und die Suppe damit binden. Evtl. mit Salz und Chilisauce nachwürzen.

5. Krabben in die Suppe geben und heiß werden lassen. Nach Geschmack die verschlagenen Eier in der kochenden Brühe stocken lassen. Sofort servieren.

Zubereitungszeit: ca. 40 Minuten
Pro Portion etwa 21 g E, 15 g F, 16 g KH = 293 kcal (1227 kJ)

KALTE SUPPEN

Himbeer-Sahne-Suppe mit Schneeklößchen

Für 4 Portionen:
400 g Himbeeren (frisch oder TK)
1 Vanilleschote
300 ml Milch
2 El Zucker
200 g Vollmilch-Joghurt
100 ml Sahne
2-3 El Himbeergeist
1 Prise Salz
Schneeklößchen:
2 Eiweiß
3 Tl Zucker
Außerdem:
Minzeblättchen

1. Himbeeren verlesen oder etwas antauen lassen. Einige Beeren zum Garnieren beiseite legen.

2. Vanilleschote aufschneiden und auskratzen. Mark und Stange in die Milch geben. Zucker zufügen, aufkochen lassen. Vanille-Schote herausnehmen. Himbeeren hineingeben. Kurz erhitzen, dann mit dem Schneidstab des Handrührers pürieren. Durch ein Sieb streichen. 2 El Himbeermilch beiseite stellen.

3. Joghurt in die übrige Himbeermilch rühren. Sahne halbsteif schlagen. Sahne, Himbeergeist und Salz unterrühren. Evtl. kalt stellen.

4. Für die Schneeklößchen Eiweiß steif schlagen. Zucker unterschlagen. Wasser in einem weiten Topf zum Kochen bringen, dann Temperatur herunterschalten.

5. Mit 2 Teelöffeln Klößchen abstechen. Auf das Wasser setzen. Bei milder Hitze in 2 Minuten fest werden lassen. Klößchen einmal wenden.

6. Suppe in Teller füllen. Mit der Himbeermilch marmorieren. Schneeklößchen daraufsetzen. Mit Himbeeren und Minze garniert kalt oder lauwarm servieren.

Zubereitungszeit: ca. 30 Minuten plus evtl. Kühlzeit
Pro Portion etwa 8 g E, 13 g F, 23 g KH = 257 kcal (1074 kJ)

Kalte Spargelsuppe

Für 4-6 Portionen:
2 Frühlingszwiebeln
250 g grüner Spargel
250 g weißer Spargel
30 g Butter
400 ml Kalbsfond (a. d. Glas)
Salz, 1 Tl Zucker
6 El Schlagsahne
150 g Sahnejoghurt
1 El trockener Weißwein
1/2 Tl Zitronensaft
1 reife Tomate (100 g)
2 Zweige Dill
2 Tl dünn abgeriebene Schale von 1 unbeh. Zitrone

1. Zwiebeln putzen, waschen, nur die weißen Teile in feine Ringe schneiden (grüne Teile anderweitig verwenden). Grünen Spargel waschen, die unteren Enden abbrechen, die Köpfe abschneiden. Weißen Spargel schälen, in kurze Stücke schneiden.

2. Butter zerlassen. Die Spargelstücke, bis auf die grünen Spargelköpfe, darin 2 Minuten andünsten. 300 ml Kalbsfond zugießen und den Spargel zugedeckt bei milder Hitze 15 Minuten garen. Mit Salz und Zucker würzen. Im Topf mit dem Schneidstab des Handrührers fein pürieren. Anschließend durch ein Sieb gießen und kalt werden lassen.

3. Die grünen Spargelköpfe im restlichen Fond 3 Minuten zugedeckt garen. Mit Salz und 1 Prise Zucker würzen. Im Fond kalt werden lassen.

4. Sahne und Joghurt in die kalte Spargelsuppe rühren. Mit Weißwein und Zitronensaft würzen. Die Suppe vor dem Servieren im Gefriergerät in 10 Minuten sehr kalt werden lassen.

5. Inzwischen die Tomate waschen, vierteln, entkernen und klein würfeln. Dill von den Stielen zupfen. Grüne Spargelköpfe abtropfen lassen.

6. Die eiskalte Suppe in Tassen anrichten. Mit Spargelköpfen, Tomatenwürfeln, Dill und Zitronenschale garnieren. Sofort servieren.

Zubereitungszeit: ca. 40 Minuten plus 10 Minuten Kühlzeit
Pro Portion (bei 6 Portionen) etwa 4 g E, 10 g F, 6 g KH = 139 kcal (579 kJ)

Sauerkirsch-Kaltschale

Für 4 Portionen:
500 g Sauerkirschen
50 g Zucker
400 ml Sauerkirschsaft
100 ml kräftiger Rotwein
Schale von 1 unbehandelten Zitrone
250 g Schlagsahne
1 Tl Zucker
2 El gemahlene Mandeln

1. Kirschen waschen, entsteinen und mit Zucker bestreuen. Saft und Wein darübergießen. Die dünn abgeschälte Zitronenschale zugeben und die Kirschen mindestens 2 Stunden kühl stellen. Ab und zu vorsichtig durchrühren.

2. Die Sahne steif schlagen. Zucker und Mandeln unterheben.

3. Kaltschale in Teller geben und die Sahne dazu servieren.

Zubereitungszeit: ca. 2 1/4 Stunden
Pro Portion etwa 3 g E, 22 g F, 42 g KH
= 410 kcal (1716 kJ)

Kalte Tomaten-Orangen-Suppe mit Minze

Für 6 Portionen:
500 g Hühnerklein (Herz, Magen, Flügel)
1 Bund Suppengrün
2 Lorbeerblätter
1 El schwarze Pfefferkörner
750 g vollreife Suppentomaten, Salz
Ingwerpulver
Cayennepfeffer
3 kleine Orangen
Minzeblättchen

1. Hühnerklein mit 1 l kaltem Wasser aufsetzen und langsam zum Kochen bringen. Suppengrün putzen, waschen und grob zerschneiden. Mit Lorbeer und Pfefferkörnern zum Hühnerklein geben. Im offenen Topf 2 Stunden leise kochen lassen, evtl. zwischendurch abschäumen.
2. Tomaten waschen und grob zerteilen. Brühe durch ein Sieb gießen. Tomaten in die Brühe geben und zugedeckt 30 Minuten garen.
3. Tomaten mit Brühe durch ein Sieb gießen, die Tomaten gründlich durch das Sieb streichen. Die Suppe mit Salz, Ingwer und Cayenne kräftig abschmecken. Abkühlen lassen, dann im Kühlschrank sehr gut kühlen.

4. Eine Orange auspressen. Den Saft unter die Suppe rühren. Evtl. noch einmal abschmecken.

5. Die übrigen Orangen wie Äpfel schälen, dabei die weiße Haut völlig entfernen. Die Orangenfilets zwischen den Trennhäuten vorsichtig herausschneiden.

6. Die Filets in gut gekühlte Suppentassen legen. Die Suppe darübergießen. Mit Minzeblättchen garniert sofort servieren.

Zubereitungszeit: ca. 3 Stunden plus Kühlzeit
Pro Portion etwa 2 g E, 1 g F, 8 g KH = 46 kcal (191 kJ)

Weiße Gazpacho

Für 2 Portionen:
5 Scheiben Toastbrot
2 Eier
Salz
6 El Olivenöl
2-3 Knoblauchzehen
1 El Weißweinessig

1. Toastbrotrinde abschneiden. 1 Scheibe beiseite legen. Die übrigen im Toaster hellgelb rösten, etwas zerkrümeln und mit dem Schneidstab des Handrührers oder in der Moulinette zerkleinern.

2. Die Eier mit 1 El Wasser gut verquirlen, salzen. 1 El Öl in einer Pfanne erwärmen. Ei hineingeben und zu großen Schollen zusammenschieben, bis es gestockt ist. Zum Brot geben.

3. Knoblauch pellen und dazupressen. 4 El Öl und den Essig unterrühren. 1/4 l kaltes Wasser mit dem Schneidstab des Handrührers unterarbeiten. Mit Salz abschmecken. Sehr gut kühlen.

4. Restliches Toastbrot in Würfel schneiden und im restlichen Olivenöl goldbraun rösten. Über die eiskalte Suppe streuen und servieren.

Tip: Bekannter ist Gazpacho aus Gemüse. Dafür 1/3 Salatgurke schälen, entkernen. 350 g Tomaten enthäuten, entkernen. Mit 50 g Paprika, 1/2 Zwiebel, 2 Knoblauchzehen pürieren. 50 g Weißbrot entrinden, mit 2 El Öl, 1 El Essig pürieren. Mit 1/4 l Geflügelfond zum Gemüse geben. Salzen. Eiskalt mit gerösteten Brotwürfeln, gehacktem Ei, Zwiebel-, Gurken-, Paprika-, Tomatenwürfeln servieren.

Zubereitungszeit: ca. 30 Minuten plus Kühlzeit
Pro Portion etwa 11 g E, 38 g F, 31 g KH = 532 kcal (2226 kJ)

Kalte Gurken-Rettich-Suppe

Für 4 Portionen:
1 1/2 Salatgurken (etwa 750 g)
1 großer Rettich (etwa 500 g)
4 Scheiben Weißbrot oder Toastbrot
50 g Butter
100 g Lachsschinken
30 g Sonnenblumenkerne
1 großes Bund Basilikum
1/8 l Schlagsahne
3 El Olivenöl (kaltgepreßt)
Pfeffer (a. d. Mühle), Salz

1. Gurken und Rettich schälen. Gurken längs halbieren und die Kerne herauskratzen. Gurkenfleisch und Rettich in Stücke schneiden und im Mixer fein pürieren. Kalt stellen.

2. Brotrinde abschneiden, Brot würfeln und in der zerlassenen Butter goldbraun rösten. In ein Schälchen geben.

3. Schinken in feine Streifen schneiden. Sonnenblumenkerne in einer Pfanne ohne Fett leicht anrösten. Basilikum in feine Streifen schneiden. Alles in Schälchen geben.

4. Sahne und Olivenöl unter ständigem Schlagen in das Gurken-Rettich-Püree geben. Mit Pfeffer und Salz abschmecken. Die Beilagen dazu reichen und nach Geschmack auf die Suppe geben.

Zubereitungszeit: ca. 25 Minuten
Pro Portion etwa 10 g E, 37 g F, 27 g KH = 544 kcal (2279 kJ)

Rhabarber-Cremesuppe mit Erdbeeren

Für 6 Portionen:
750 g Erdbeeren
abgeriebene Schale von
3 Limetten, 3 El Limettensaft
6 El Zucker
3 El Orangenlikör
500 g Rhabarber
125 g rotes
Johannisbeer-Gelee
abgeriebene Schale von
1 unbehandelten Zitrone
1 El Zitronensaft
5 Eigelb, 2 Eier
1 Bund Zitronenmelisse

1. Erdbeeren waschen, putzen und halbieren. Limettenschale mit -saft, 3 El Zucker und Orangenlikör in einer Schüssel verrühren. Erdbeeren vorsichtig unterheben und 30 Minuten (nicht länger) zugedeckt kalt stellen.

2. Rhabarber putzen, waschen und in Stücke schneiden. Gelee bei milder Hitze auflösen. Rhabarber, Zitronenschale und -saft sowie restlichen Zucker zugeben und zugedeckt 10 Minuten kochen lassen.

3. Rhabarber in der Flüssigkeit mit dem Schneidstab des Handrührers pürieren. Etwas abkühlen lassen.

4. Eigelb, Eier und Rhabarberpüree in einem Topf verrühren. Im Wasserbad oder auf der Herdplatte (Automatikstufe 4) zu einer dicklichen Creme aufschlagen. Sofort in Teller verteilen. Die Erdbeeren daraufgeben und mit Zitronenmelisse garniert servieren.

Zubereitungszeit: ca. 40 Minuten
Pro Portion etwa 7 g E, 7 g F, 37 g KH = 218 kcal (911 kJ)

Beeren-Kaltschale mit Zimt-Joghurt

Für 4 Portionen:
300 g Erdbeeren (TK)
300 g Blaubeeren (TK)
300 g Himbeeren (TK)
2 El Zucker
2 El Limettensaft
abgeriebene Schale von
1 Limette (unbehandelt)
200 ml trockener Weißwein
Zimt-Joghurt:
200 g Vollmilch-Joghurt
50 g Magerquark
2 El Sahne, 2 El Zucker
gemahlener Zimt

1. Beeren mit Zucker, Limettensaft und -schale in einer Schüssel verrühren. Wein zugießen. 30 Minuten an einem warmen Ort auftauen lassen.

2. Joghurt mit Quark, Sahne und Zucker verschlagen. Mit Zimt abschmecken.

3. Beeren-Kaltschale in Teller geben, mit dem Zimt-Joghurt begießen und etwas Zimt bestreuen. Sofort servieren.

Zubereitungszeit: ca. 35 Minuten
Pro Portion etwa 6 g E, 5 g F, 43 g KH
= 269 kcal (1130 kJ)

Kalte Gurkensuppe mit Räucherlachs

Für 4 Portionen:
1 kg Salatgurken
125 g Schalotten
3 El Öl
Salz
1/4 l Schlagsahne
2-3 El Zitronensaft
Pfeffer (a. d. Mühle)
1-2 Tl Korianderpulver
1 Bund Dill
75 g Räucherlachs

1. Von einer Gurke ein etwa 5 cm langes Stück abschneiden, waschen, halbieren, entkernen und längs in dünne Streifen schneiden. Beiseite legen.

2. Übrige Gurken schälen, längs halbieren, Kerne mit einem Teelöffel herauskratzen. Das Gurkenfleisch grob würfeln.

3. Schalotten pellen und fein würfeln. Öl erhitzen. Schalotten darin glasig dünsten. Gurkenwürfel zugeben und salzen. Zugedeckt 20 Minuten garen. Dann mit dem Schneidstab des Handrührers pürieren. Sahne zugießen. Mit Zitronensaft, Salz, Pfeffer und Koriander würzen und nochmals aufkochen.

4. Die Gurkenstreifen zufügen und die Suppe kalt stellen.

5. Kurz vor dem Servieren Dill waschen, trockenschütteln und hacken. Lachs in dünne Streifen schneiden. Beides in die gut gekühlte Gurkensuppe geben.

Zubereitungszeit: ca. 1 Stunde
Pro Portion etwa 7 g E, 29 g F, 8 g KH = 389 kcal (1630 kJ)

REZEPT-REGISTER

Damit Sie jedes Rezept schnell wiederfinden, hier eine Aufstellung in alphabetischer Reihenfolge

A

B

C

E

F

G

H

I

K